いきものだらけのことば図鑑

監修
金田一秀穂
小宮輝之

イラスト
仁子
ハナイナホ
くさだ さやか
下間文恵

Gakken

この本《ほん》の使《つか》い方《かた》

この本《ほん》は、いきものから生《う》まれたことわざや慣用句《かんようく》などのことばを紹介《しょうかい》する図鑑《ずかん》だよ。ことわざや慣用句《かんようく》は、みんなが生《う》まれるずっと昔《むかし》にできたんだ。そんなことわざや慣用句《かんようく》には、実《じつ》はたくさんのいきものが登場《とうじょう》するよ。

ことわざや慣用句《かんようく》と聞《き》いて、「なんだかむずかしそうだな」と思《おも》ったあなたも、大丈夫《だいじょうぶ》！　この本《ほん》の使《つか》い方《かた》をマスターして、いきものとことばの不思議《ふしぎ》なつながりを、じっくり楽《たの》しんでね。ほら、もうすぐそこにいきものたちが待《ま》ってるよ！

いきものことばページ

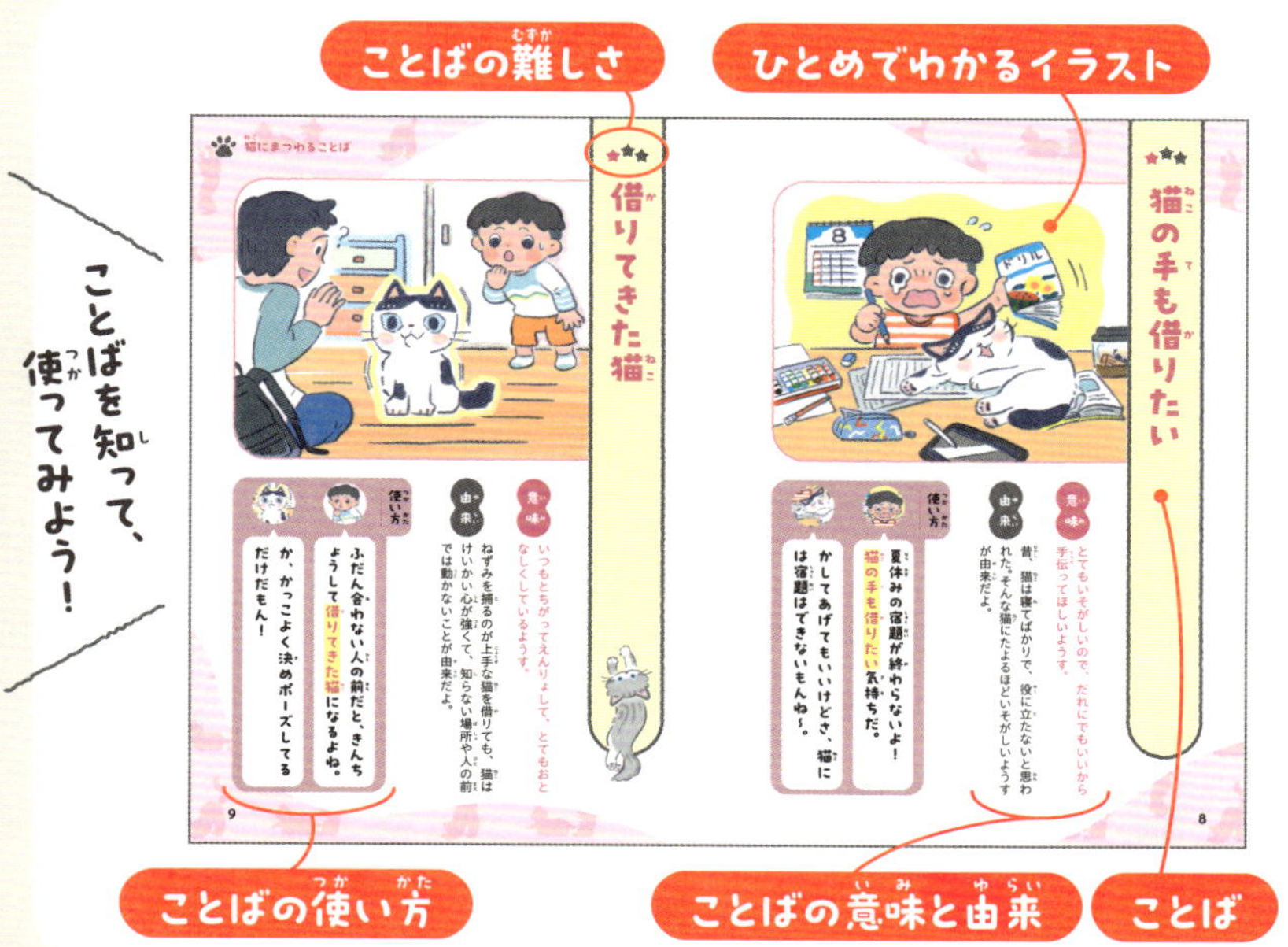

いきもののコラムページ

いきもののこと、
もっと知《し》ろう！

野性味《やせいみ》あふれるハンター・ネコ

1－夜でもよく見える目

ネコのなかまは肉食で、まわりが暗くてもかりをします。暗い場所でも、ひとみが大きく開かれることで光を取りこみます。目のうらがわにはタペタムという膜があります。これが光を目の中にはね返すので、明るく感じると考えられています。

2－やわらかい体

せまいところでも、頭さえ通れば入ることができます。とても体がやわらかく、向きを変えたり身を小さくちぢめたりもできます。

16

日本の島にしかいない野生ネコたち

ネコと名前がつくのは、人間に飼われているネコだけではありません。野生で生きるネコもいて、そのひとつがヤマネコです。日本には、イリオモテヤマネコとツシマヤマネコがかぎられた島だけにくらしています。どちらもすみかがへったり、交通事故にあったりして、絶滅のおそれがあります。地域住民やさまざまな機関・団体などが協力して、保護活動を行っています。

イリオモテヤマネコ

体長は60cmくらい。沖縄県の西表島だけにすんでいます。数が少なく、絶滅が心配されています。

小型の野生ネコはふつう、ネズミやウサギなどの哺乳類を食べます。しかし、イリオモテヤマネコのすむ西表島には、元もとネズミなどがすんでいませんでした。そこでイリオモテヤマネコは、鳥、トカゲ、カエル、虫など、いろいろなものを食べてくらしてきました。一方ツシマヤマネコは、主

ツシマヤマネコ

体長は60cmくらい。長崎県の対馬だけにすみ、森林の中でくらしています。

いきものと文化

ネコと日本人との古いかかわり

ネズミを捕ることでなかよしに

2千年以上昔の、米の倉庫のあった場所で、ネコのものと思われる骨が見つかっています。米を食べにくるネズミを、ネコが捕まえていたのかもしれません。このころから日本人は、ネコを大事な動物として、飼い始めていたと考えられます。

よく寝る子だからネコ？

ネコはよく寝ます。ネコのなかまのライオンやトラも、えものを捕るとき以外はよく寝ています。寝ていても、ほかの動物におそわれることがほとんどないからです。飼いネコは、食べ物にこまりませんし、安心してたっぷり寝られるのかもしれませんね。

18

いきもののデータ

いきもののとくちょう

いきものと文化《ぶんか》のコラム

ちょこっと図鑑《ずかん》ページ

めざせいきものの博士《はかせ》！
もっとくわしくなろう！

いきもののなかまわけ

ちょこっと図鑑

ネコのなかま

ヒョウ

Leopard

体がしなやかで、ジャンプや木登りが得意です。かりでは木の上からえものをねらいます。

ライオン

Lion

むれを作ってくらします。めすはかりや子育てをし、おすは天敵やほかのおすからむれを守ります。

サーバルキャット

Serval Cat

長いあし、丸くて大きな耳がとくちょうです。ジャンプが得意で、飛んでいる鳥をかることもあります。

トラ

Tiger

ネコ科動物の中で最大です。強いあごとがっしりとしたあしで、自分よりも大きなえものも捕らえます。

31

スナネコ

Sand Cat

砂漠でくらす小型のネコ。あしのうらの長い毛は、熱い砂の上を歩くのに役立ちます。

マヌルネコ

Manul Cat

岩場の多い草原などでくらします。むくむくした毛とずんぐりした体型がとくちょうです。

オオヤマネコ

Lynx

大型のヤマネコで耳の上のかざり毛、雪の上でも歩きやすいはば広のあしがとくちょうです。

イエネコ

Domestic Cat

人間のそばでくらすネコ。さまざまな品種があり、世界中でくらしています。

30

いきものの生態《せいたい》

目次《もくじ》

ことばの種類《しゅるい》

ことわざ

昔《むかし》から言《い》い伝《つた》えられてきたことば。くらしのちえや教《おし》えを表《あらわ》している。

例 **猫《ねこ》に鰹節《かつおぶし》／犬《いぬ》も歩《ある》けば棒《ぼう》に当《あ》たる**

慣用句《かんようく》

ことばそのままの意味《いみ》ではなく、特別《とくべつ》な意味《いみ》を表《あらわ》すことば

例 **飛《と》んで火《ひ》に入《い》る夏《なつ》の虫《むし》／虎《とら》の子《こ》**

故事成語《こじせいご》

昔《むかし》の中国《ちゅうごく》から伝《つた》わった話《はなし》をもとにできたことば

例 **烏合《うごう》の衆《しゅう》／虎穴《こけつ》に入《い》らずんば虎子《こじ》を得《え》ず**

1

猫《ねこ》にまつわることば

猫《ねこ》の手《て》も借《か》りたい

意《い》味《み》

とてもいそがしいので、だれにでもいいから手伝《てつだ》ってほしいようす。

由《ゆ》来《らい》

昔《むかし》、猫《ねこ》は寝《ね》てばかりで、役《やく》に立《た》たないと思《おも》われた。そんな猫《ねこ》にたよるほどいそがしいようすが由来《ゆらい》だよ。

使《つか》い方《かた》

夏休《なつやす》みの宿題《しゅくだい》が終《お》わらないよ！**猫《ねこ》の手《て》も借《か》りたい**気持《きも》ちだ。

かしてあげてもいいけどさ、猫《ねこ》には宿題《しゅくだい》はできないもんね～。

★★★

借《か》りてきた猫《ねこ》

意《い》味《み》

いつもとちがってえんりょして、とてもおとなしくしているようす。

由《ゆ》来《らい》

ねずみを捕《と》るのが上手《じょうず》な猫《ねこ》を借《か》りても、猫《ねこ》はけいかい心《しん》が強《つよ》くて、知《し》らない場所《ばしょ》や人《ひと》の前《まえ》では動《うご》かないことが由来《ゆらい》だよ。

使《つか》い方《かた》

ふだん会《あ》わない人《ひと》の前《まえ》だと、きんちょうして**借《か》りてきた猫《ねこ》**になるよね。

か、かっこよく決《き》めポーズしてるだけだもん!

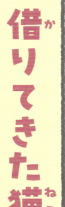

★★★

猫《ねこ》に小《こ》判《ばん》

意《い》味《み》

ねうちのある物《もの》でも、それがわからない人《ひと》にとっては、何《なん》の役《やく》にも立《た》たないこと。

由《ゆ》来《らい》

小判《こばん》は昔使《むかしつか》われた金貨《きんか》のこと。猫《ねこ》に小判《こばん》をやっても、少《すこ》しもありがたがらないことからできたことばだよ。

使《つか》い方《かた》

あなた本当《ほんとう》にかわいいから、おこづかいあげちゃう！って…ええ!?

猫《ねこ》に小判《こばん》だなぁ。ふむふむ、つめとぎにはよさそうにゃ。

★★★

猫《ねこ》に鰹節《かつおぶし》

意味《いみ》

ゆだんできないじょうたいを作《つく》ること。また、あやまちが起《お》こりやすくあぶないようす。

由来《ゆらい》

猫《ねこ》の大好物《だいこうぶつ》である鰹節《かつおぶし》。目《め》の前《まえ》にあると、がまんできずに食《た》べてしまうことも。そんなゆだんできないようすが由来《ゆらい》だよ。

使《つか》い方《かた》

へへ、宿題《しゅくだい》もいいけどさ、マンガがあれば読《よ》んじゃうよね。

猫《ねこ》に鰹節《かつおぶし》！　目《め》の前《まえ》にあれば食《た》べるに決《き》まっているにゃぁ〜！

猫《ねこ》の首《くび》に鈴《すず》

意味《いみ》

とてもむずかしくて、できない相談《そうだん》をすることのたとえ。

由来《ゆらい》

ねずみたちは、猫《ねこ》の首《くび》に鈴《すず》をつける相談《そうだん》をしたけれど、こわくてだれもその役《やく》を引《ひ》き受《う》けたがらなかったんだって。

使《つか》い方《かた》

猫《ねこ》の首《くび》に鈴《すず》をつければ、近《ちか》づいて来《き》たら音《おと》が鳴《な》って気《き》づけるぞ。

フハハ…！　つけられるもんならつけてみろにゃ。

窮鼠猫《きゅうそねこ》をかむ

意味《いみ》

弱《よわ》い者《もの》でも、追《お》いつめられて必死《ひっし》になると、強《つよ》い者《もの》を負《ま》かすことがあるということ。

由来《ゆらい》

窮鼠《きゅうそ》は、追《お》いつめられたねずみのこと。猫《ねこ》に追《お》いつめられたねずみは、必死《ひっし》になって猫《ねこ》にかみつくんだね。

使《つか》い方《かた》

こんなところで、た、食《た》べられてたまるものか！

にゃに!? やられた…！ これが窮《きゅう》鼠猫《そねこ》をかむか！

もっと知《し》りたい！ 猫《ねこ》のことば

猫《ねこ》なで声《ごえ》

意《い》味《み》

人《ひと》のきげんを取《と》りたいときなどにわざと出《だ》す、やさしい感《かん》じの声《こえ》。

由《ゆ》来《らい》

人《ひと》が猫《ねこ》をなでてかわいがるときや、猫《ねこ》が人《ひと》になでられたときに出《だ》すようなあまえた声《こえ》、という意《い》味《み》からできたことばだよ。

猫《ねこ》の額《ひたい》

意《い》味《み》

とてもせまい土《と》地《ち》や場《ば》所《しょ》のたとえ。

由《ゆ》来《らい》

猫《ねこ》の顔《かお》をよく見《み》てみると、額《ひたい》の部《ぶ》分《ぶん》はとても小《ちい》さいよね。そのことからきたたとえだよ。

猫《ねこ》の目《め》のように変《か》わる

意《い》味《み》

人《ひと》の気《き》持《も》ちや物《もの》事《ごと》のじょうたいが、とても変《か》わりやすいこと。

由《ゆ》来《らい》

猫《ねこ》のひとみは明《あか》るさによって、円《まる》くなったり細《ほそ》くなったり、とても変《か》わりやすいよ。

猫《ねこ》ばばを決《き》めこむ

意《い》味《み》

拾《ひろ》った物《もの》やあずかった物《もの》などを、知《し》らん顔《かお》して自《じ》分《ぶん》の物《もの》にすること。

由《ゆ》来《らい》

猫《ねこ》ばばは、猫《ねこ》の糞《ふん》。猫《ねこ》は糞《ふん》をしたとき、砂《すな》をかけて知《し》らん顔《かお》をするようすから。

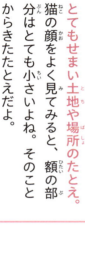

猫《ねこ》も杓子《しゃくし》も

意味《いみ》

どれもこれも、同《おな》じようす。また、だれもかれもみんな、同《おな》じことをするようす。

由来《ゆらい》

猫《ねこ》の手《て》と、杓子《しゃくし》の形《かたち》が似《に》ていることから、ならべていったことばだよ。

ちょっかいを出《だ》す

意味《いみ》

人《ひと》のしていることに、横《よこ》からよけいなことを言《い》ったり、手《て》を出《だ》したりすること。

由来《ゆらい》

猫《ねこ》が片方《かたほう》のあしで、ちょっと物《もの》をかきよせるしぐさを意味《いみ》することばだよ。

猫《ねこ》をかぶる

意味《いみ》

本来《ほんらい》の性質《せいしつ》を隠《かく》して、おとなしそうに見《み》せかけること。

由来《ゆらい》

やんちゃな性質《せいしつ》の猫《ねこ》でも、飼《か》い主《ぬし》の前《まえ》ではおとなしくしていることが多《おお》いんだって。

猫《ねこ》かわいがり

意味《いみ》

子《こ》どもや孫《まご》などをあまやかして、むやみやたらにかわいがること。

由来《ゆらい》

猫《ねこ》をひたすらかわいがる、飼《か》い主《ぬし》のようすからできたことばだよ。

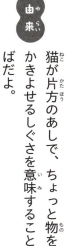

野《や》性《せい》味《み》あふれるハンター・ネコ

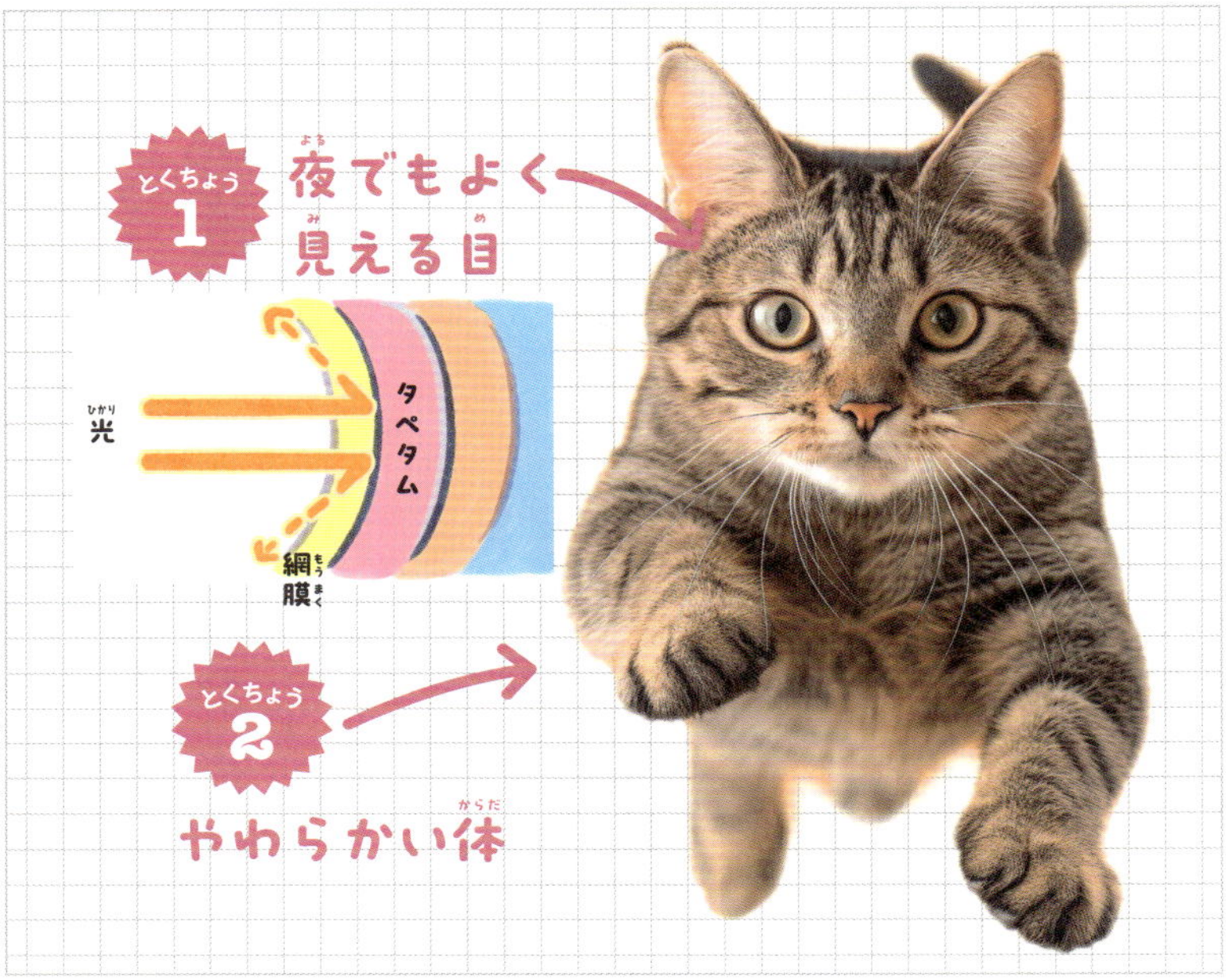

とくちょう1 — 夜《よる》でもよく見《み》える目《め》

ネコのなかまは肉食《にくしょく》で、まわりが暗《くら》くてもかりをします。暗《くら》い場所《ばしょ》でも、ひとみが大《おお》きく開《ひら》かれることで光《ひかり》を取《と》りこみます。目《め》のうらがわにはタペタムという膜《まく》があります。これが光《ひかり》を目《め》の中《なか》にはね返《かえ》すので、明《あか》るく感《かん》じると考《かんが》えられています。

とくちょう2 — やわらかい体《からだ》

せまいところでも、顔《かお》さえ通《とお》れば入《はい》ることができます。とても体《からだ》がやわらかく、向《む》きを変《か》えたり身《み》を小《ちい》さくちぢめたりもできます。

日本《にほん》の島《しま》にしかいない野生《やせい》ネコたち

ネコと名前《なまえ》がつくのは、人間《にんげん》に飼《か》われているネコだけではありません。野生《やせい》で生《い》きるネコもいて、そのひとつがヤマネコです。日本《にほん》には、イリオモテヤマネコとツシマヤマネコがかぎられた島《しま》だけにくらしています。どちらもすみかがへったり、交通事故《こうつうじこ》にあったりして、絶滅《ぜつめつ》のおそれがあります。地域住民《ちいきじゅうみん》やさまざまな機関《きかん》・団体《だんたい》などが協力《きょうりょく》して、保護活動《ほごかつどう》を行《おこな》っています。

環境省西表野生生物保護センター提供

イリオモテヤマネコ

体長《たいちょう》は60cmくらい。沖縄県《おきなわけん》の西《いり》表島《おもてじま》だけにすんでいます。数《かず》が少《すく》なく、絶滅《ぜつめつ》が心配《しんぱい》されています。

小型《がた》の野生《やせい》ネコはふつう、ネズミやウサギなどの哺乳類《ほにゅうるい》を食《た》べます。しかし、イリオモテヤマネコのすむ西表島《いりおもてじま》には、元《もと》もとネズミなどがすんでいませんでした。そこでイリオモテヤマネコは、鳥《とり》、トカゲ、カエル、虫《むし》など、いろいろなものを食《た》べてくらしてきました。一方《いっぽう》ツシマヤマネコは、主《おも》にネズミを食《た》べてくらしています。

ツシマヤマネコ

体長《たいちょう》は60cmくらい。長崎県《ながさきけん》の対馬《つしま》だけにすみ、森林《しんりん》の中《なか》でくらしています。

ネコと日本人《にほんじん》との古《ふる》いかかわり

ネズミを捕《と》ることでなかよしに

2千年以上昔《せんねんいじょうむかし》の、米《こめ》の倉庫《そうこ》のあった場所《ばしょ》で、ネコのものと思《おも》われる骨《ほね》が見《み》つかっています。米《こめ》を食《た》べにくるネズミを、ネコが捕《つか》まえていたのかもしれません。このころから日本人《にほんじん》は、ネコを大事《だいじ》な動物《どうぶつ》として、飼《か》い始《はじ》めていたと考《かんが》えられます。

よく寝《ね》る子《こ》だからネコ？

ネコはよく寝《ね》ます。ネコのなかまのライオンやトラも、えものを捕《と》るとき以外《いがい》はよく寝《ね》ています。寝《ね》ていても、ほかの動物《どうぶつ》におそわれることがほとんどないからです。飼《か》いネコは、食《た》べ物《もの》にこまりませんし、安心《あんしん》してたっぷり寝《ね》られるのかもしれませんね。

2

虎《とら》にまつわることば

虎《こ》視《し》たんたん

意《い》味《み》

のぞみをかなえるため、ちょうどよい時《とき》をねらって、じっと待《ま》ちかまえているようす。

由《ゆ》来《らい》

虎視《こし》は、虎《とら》のするどい目《め》つきのこと。たんたんは、じっと見《み》つめてえものをねらうという意味《いみ》だよ。

使《つか》い方《かた》

あ！ あれが虎視《こし》たんたんっていうんだね。はじめて見《み》たよ。

わ、わかってたら、早《はや》く逃《に》げるんだ。食《た》べられちゃうよ。

虎《とら》の尾《お》を踏《ふ》む

意《い》味《み》

ひじょうにきけんなことをするたとえ。

由《ゆ》来《らい》

虎《とら》は猛獣《もうじゅう》として知《し》られているね。しっぽを足《あし》で踏《ふ》んだら、ガオーッておそってきそうなようすが由《ゆ》来《らい》だよ。

使《つか》い方《かた》

ジャングルはあぶないけど、**虎《とら》の尾《お》を踏《ふ》む**つもりでここを通《とお》るしか…

おやおや、本当《ほんとう》に尾《お》があるんだけどなぁ。

虎《とら》の子《こ》

意味《いみ》

大切《たいせつ》にして手放《てばな》さないもの。隠《かく》し持《も》っているお金《かね》や品物《しなもの》。

由来《ゆらい》

虎《とら》は自分《じぶん》の子《こ》をとても大切《たいせつ》に育《そだ》てるんだ。そこからできたことばだよ。

使《つか》い方《かた》

この子《こ》は「虎《とら》の子《こ》」、大事《だいじ》に、大事《だいじ》に育《そだ》てるわ。

この子《こ》もわたしの大事《だいじ》な「虎《とら》の子《こ》」よ。猫《ねこ》なんだけどね。

虎《とら》を野《の》に放《はな》つ

意《い》味《み》

勢《いきお》いのある者《もの》や、のちにわざわいの元《もと》になるような者《もの》をそのままにしておくこと。

由《ゆ》来《らい》

虎《とら》を自由《じゆう》にさせると、のちのち大変《たいへん》なじょうきょうになることからできたことばだよ。

使《つか》い方《かた》

わーい、お楽《たの》しみの自由《じゆう》時間《じかん》だ。たくさん遊《あそ》ぶぞ。

部屋《へや》が大変《たいへん》なことに…虎《とら》を野《の》に放《はな》つとはこういうことか。

★★★

虎穴《こけつ》に入《い》らずんば虎子《こじ》を得《え》ず

意味《いみ》

安全《あんぜん》なやり方《かた》ばかり考《かんが》えて、きけんをおかさなければ、大《おお》きな成功《せいこう》は得《え》られないこと。

由来《ゆらい》

虎《とら》の子《こ》がほしいなら、虎《とら》のくらす穴《あな》にも入《はい》るしかないよね。昔《むかし》の中国《ちゅうごく》の書物《しょもつ》「後漢書《ごかんじょ》」にあることばだよ。

使《つか》い方《かた》

せっかく来《き》たんだ。かわいい虎《とら》の子《こ》をひと目見《めみ》たいんだ！

虎穴《こけつ》に入《い》らずんば虎子《こじ》を得《え》ず、話《はなし》は穴《あな》に入《はい》ってきてからだわ。

★★★

虎《とら》に翼《つばさ》

意味《いみ》

勢《いきお》いがあって強《つよ》い者《もの》に、さらに勢《いきお》いをそえること。

由来《ゆらい》

虎《とら》に翼《つばさ》をつけると空《そら》を飛《と》び村《むら》に入《はい》り人《ひと》を食《た》べてしまうだろう、という昔《むかし》の中国《ちゅうごく》の書物《しょもつ》「韓《かん》非子《びし》」にある話《はなし》から。

使《つか》い方《かた》

ぼくは翼《つばさ》をつけて、空《そら》も飛《と》べるようになるよ。もっと強《つよ》くなるんだ。

今《いま》でも十分《じゅうぶん》強《つよ》いのに、虎《とら》に翼《つばさ》だ！大変《たいへん》だよぉ。

もっと知《し》りたい！　虎《とら》のことば

虎《とら》は死《し》して皮《かわ》を留《とど》め人《ひと》は死《し》して名《な》を残《のこ》す

意《い》味《み》　虎《とら》は死後《しご》に美《うつく》しい毛皮《けがわ》を残《のこ》す。人《ひと》も名声《めいせい》が残《のこ》るような生《い》き方《かた》をしようという教《おし》え。

由《ゆ》来《らい》　昔《むかし》の中国《ちゅうごく》の有名《ゆうめい》なぶしょうの名言《めいげん》が由来《ゆらい》だよ。

張《は》り子《こ》の虎《とら》

意《い》味《み》　見《み》かけは強《つよ》そうでも、本当《ほんとう》は弱《よわ》い者《もの》のたとえ。

由《ゆ》来《らい》　紙《かみ》をはり重《かさ》ねて作《つく》ったおもちゃの虎《とら》はこわくない、ということからできたことばだよ。

騎《き》虎《こ》の勢《いきお》い

意《い》味《み》　物事《ものごと》のなりゆきから、とちゅうでやめられなくなること。

由《ゆ》来《らい》　虎《とら》の背中《せなか》に乗《の》ってビューンと走《はし》っていたら、なかなかおりられないことからきたことばだよ。

虎《とら》は千里《せんり》いって千里《せんり》かえる

意《い》味《み》　勢《いきお》いがさかんなようす。

由《ゆ》来《らい》　虎《とら》は一日《いちにち》のうちに千里《せんり》（とても遠《とお》いきょり）の道《みち》を行《い》って、帰《かえ》ってくるパワーがあることからできたことばだよ。

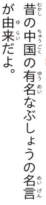

虎《とら》の巻《まき》

意《い》味《み》

教科書《きょうかしょ》などのないようを、わかりやすく説明《せつめい》した書物《しょもつ》のこと。

由《ゆ》来《らい》

昔《むかし》の中国《ちゅうごく》の兵法書《へいほうしょ》「虎《こ》とう」が、後世《こうせい》に兵法書《へいほうしょ》の代表例《だいひょうれい》として伝《つた》わったのが由来《ゆらい》だよ。

雲《くも》は竜《りゅう》にしたがい風《かぜ》は虎《とら》にしたがう

意《い》味《み》

似《に》ている者《もの》どうしが、たがいにもとめ合《あ》うということ。また、りっぱな君主《くんしゅ》のもとには、かしこい家来《けらい》がいるということ。

由《ゆ》来《らい》

竜《りゅう》は雲《くも》、虎《とら》は風《かぜ》をしたがえることによって勢《いきお》いをつけるという、中国《ちゅうごく》の昔話《むかしばなし》だよ。

虎《とら》を養《やしな》いてうれいを残《のこ》す

意《い》味《み》

あとからわざわいの元《もと》になるものを、大切《たいせつ》にしてしまい、取《と》りのぞかないでいること。

由《ゆ》来《らい》

虎《とら》の子《こ》を生《い》かしておいたら、しょうらいに不安《ふあん》を残《のこ》すというじょうたいのことだよ。

前門《ぜんもん》の虎《とら》後門《こうもん》のおおかみ

意《い》味《み》

ひとつのさいなんを逃《のが》れたと思《おも》ったら、すぐまた次《つぎ》のさいなんにあうことのたとえ。

由《ゆ》来《らい》

前《まえ》からおそってきた虎《とら》を追《お》いはらったら、後《うし》ろからおおかみがおそってきたという中国《ちゅうごく》のことわざが由来《ゆらい》だよ。

草《くさ》かげにひそむハンター・トラ

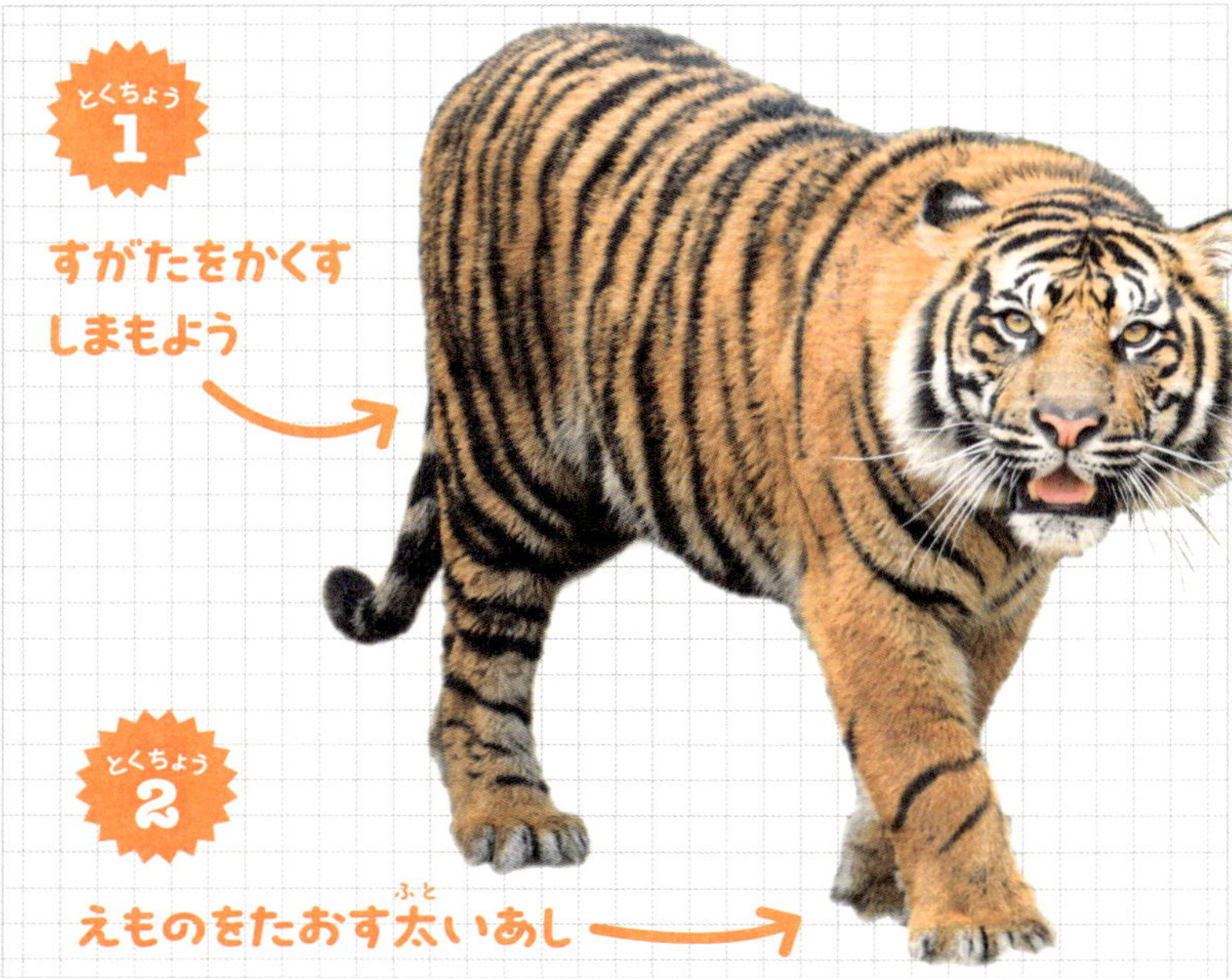

とくちょう 1 ― すがたをかくすしまもよう

トラは、草原《そうげん》や森林《しんりん》でえものを捕《つか》まえます。この一見《いっけん》はでで、目立《めだ》つように思《おも》うしまもよう。実《じつ》は、草《くさ》にまぎれるとえものから見《み》つかりにくくなります。

とくちょう 2 ― えものをたおす太《ふと》いあし

トラはえものの近《ちか》くまでしのびより、いきなり後《うし》ろあしで飛《と》びかかります。そして、前《まえ》あしで押《お》さえつけるようにしてえものをたおします。前《まえ》あしと後《うし》ろあしは、太《ふと》く、強《つよ》い力《ちから》を持《も》っているのです。

すみかを追《お》われるトラ

世《せ》界《かい》にトラは8種類《しゅるい》ほどいます。雪《ゆき》がつもるような寒《さむ》いところから、気温《きおん》の高《たか》いところまで、さまざまな場所《ばしょ》でくらしています。野生《やせい》のトラは数《かず》がへり、一時《いちじ》は世界中《せかいじゅう》の全部《ぜんぶ》のトラを合《あ》わせても、3千頭《ぜんとう》までになりました。

主《おも》な理由《りゆう》は、自然破壊《しぜんはかい》です。トラがすみかにしている森林《しんりん》を人間《にんげん》が切《き》り開《ひら》き、農場《のうじょう》や住宅地《じゅうたくち》などにしたのです。

アムールトラ

体長《たいちょう》210〜250cm。アジア北東《ほくとう》部《ぶ》にすんでいます。森林《しんりん》が破壊《はかい》され、すみかがへっています。

す《す》みかをなくしたトラは、人里《ひとざと》に出《で》てくることが多《おお》くなります。人間《にんげん》と出合《であ》えば、きけんと見《み》なされ、ころされてしまいます。また、高《たか》く売《う》れる骨《ほね》や毛皮《けがわ》を目当《めあ》てに、かりも行《おこな》われています。

しかしかりを禁《きん》じ、自然《しぜん》を守《まも》る活動《かつどう》がさかんになって、近《ちか》ごろトラが少《すこ》しずつふえてきました。

ベンガルトラ

体長《たいちょう》180〜200cm。インドなどにすんでいます。トラの中《なか》でいちばん数《かず》が多《おお》いとされます。

ネコのなかま

スナネコ

Sand Cat

砂漠《さばく》でくらす小型《こがた》のネコ。あしのうらの長《なが》い毛《け》は、熱《あつ》い砂《すな》の上《うえ》を歩《ある》くのに役《やく》立《だ》ちます。

マヌルネコ

Manul Cat

岩場《いわば》の多《おお》い草原《そうげん》などでくらします。むくむくした毛《け》とずんぐりした体型《たいけい》がとくちょうです。

オオヤマネコ

Lynx

大型《おおがた》のヤマネコで耳《みみ》の上《うえ》のかざり毛《げ》、雪《ゆき》の上《うえ》でも歩《ある》きやすいはば広《ひろ》のあしがとくちょうです。

イエネコ

Domestic Cat

人間《にんげん》のそばでくらすネコ。さまざまな品種《ひんしゅ》があり、世界中《せかいじゅう》でくらしています。

ヒョウ

Leopard

体《からだ》がしなやかで、ジャンプや木《き》登《のぼ》りが得意《とくい》です。かりでは木《き》の上《うえ》からえものをねらいます。

ライオン

Lion

むれを作《つく》ってくらします。めすはかりや子育《こそだ》てをし、おすは天敵《てんてき》やほかのおすからむれを守《まも》ります。

サーバルキャット

Serval Cat

長《なが》いあし、丸《まる》くて大《おお》きな耳《みみ》がとくちょうです。ジャンプが得意《とくい》で、飛《と》んでいる鳥《とり》をかることもあります。

トラ

Tiger

ネコ科動物《かどうぶつ》の中《なか》で最大《さいだい》です。強《つよ》いあごとがっしりとしたあしで、自分《じぶん》よりも大《おお》きなえものも捕《と》らえます。

絵画《かいが》の中《なか》のトラ

見《み》たことのないトラをえがく

中国《ちゅうごく》では、古《ふる》くからトラがえがかれてきました。美術品《びじゅつひん》を見《み》たり、お話《はなし》を聞《き》いたりした日本《にほん》の画家《がか》たちも、強《つよ》くていさましいトラに興味《きょうみ》しんしん。しかし、江戸《えど》時代《じだい》の日本《にほん》にトラはくらしておらず、本物《ほんもの》のトラを見《み》た人《ひと》はなかなかいません。日本《にほん》の画家《がか》たちは身近《みぢか》なネコをモデルにしたり、毛皮《けがわ》を見《み》て想像《そうぞう》したりしてトラをえがいたそうです。たしかにじゃれ合《あ》うトラは、ネコに似《に》ているかも？

まちがってヒョウをかくことも？

江戸《えど》時代《じだい》、多《おお》くの画家《がか》がえがいたトラですが、時《とき》には、ヒョウがいっしょにかかれることも。実《じつ》は当《とう》時《じ》、ヒョウはトラのめすだと考《かんが》えられていました。

3

犬《いぬ》に まつわる ことば

犬《いぬ》も歩《ある》けば棒《ぼう》に当《あ》たる

意《い》味《み》

行動《こうどう》を起《お》こすと、よいことでも悪《わる》いことでも、何《なん》らかのけいけんができること。

由《ゆ》来《らい》

「棒《ぼう》に当《あ》たる」を幸運《こううん》にあう、棒《ぼう》でたたかれる（悪《わる》いこと）とふたつの意味《いみ》でとらえたことが由来《ゆらい》だよ。

使《つか》い方《かた》

お散歩《さんぽ》に行《い》こう！　犬《いぬ》も歩《ある》けば棒《ぼう》に当《あ》たるってね。

棒《ぼう》でも何《なん》でもうれしいよ。今日《きょう》は、ちょうどいいえだあるかなぁ？

犬猿《けんえん》の仲《なか》

意《い》味《み》

とても仲《なか》の悪《わる》い間《あいだ》がらのたとえ。

由《ゆ》来《らい》

昔《むかし》、りょうしが犬《いぬ》をつれて山《やま》にかかりに行《い》くと、なわばりいしきの強《つよ》い猿《さる》が犬《いぬ》をいかくしたのが由来《ゆらい》なんだ。

使《つか》い方《かた》

ぼくの分《ぶん》のきびだんごまで食《た》べようとした！ 返《かえ》してよ。

もう！ 鬼《おに》たいじの前《まえ》に、まず犬《けん》猿《えん》の仲《なか》をやめてよ。

飼《か》い犬《いぬ》に手《て》をかまれる

意味《いみ》

かわいがっている人《ひと》や、世話《せわ》をしている人《ひと》からうら切《ぎ》られて、ひどい目《め》にあうこと。

由来《ゆらい》

よく飼《か》い主《ぬし》の言《い》うことを聞《き》く犬《いぬ》でも、たまには飼《か》い主《ぬし》をかむこともあるのが由来《ゆらい》だね。

使《つか》い方《かた》

ほら、お手《て》だってば！　わぁ、**飼《か》い犬《いぬ》に手《て》をかまれた**。

おやつをくれないご主人《しゅじん》の言《い》うことは、聞《き》きません。

犬《いぬ》に論《ろん》語《ご》

意《い》味《み》

物《もの》事《ごと》の正《ただ》しい道《どう》理《り》をきちんと話《はな》して聞《き》かせても、きき目《め》がないこと。

由《ゆ》来《らい》

犬《いぬ》に人《にん》間《げん》にとってありがたい話《はなし》を聞《き》かせても、わからないようすから。

使《つか》い方《かた》

犬《いぬ》に論《ろん》語《ご》を聞《き》かせて、もっとかしこくなってもらおう。

エヘヘ、全《ぜん》然《ぜん》わかんないけど、待《ま》ってるとおやつくれるんだよね。

★★★

犬《いぬ》の遠《とお》吠《ぼ》え

意《い》味《み》

おくびょうな人《ひと》が、かげで悪口《わるくち》を言《い》ったり強《つよ》がりを言《い》ったりすること。

由《ゆ》来《らい》

おくびょうな犬《いぬ》は、自分《じぶん》よりも強《つよ》いものには遠《とお》く安全《あんぜん》なところから吠《ほ》えることが由来《ゆらい》だよ。

使《つか》い方《かた》

ぼ、ぼくのなわばりを通《とお》るときは、あ、あいさつするんだぞ！

それじゃ、犬《いぬ》の遠《とお》吠《ぼ》えだ。もっと近《ちか》くで話《はな》そうよ。

吠《ほ》える犬《いぬ》はめったにかみつかない

意《い》味《み》

むやみにいばる人《ひと》は、大《たい》して力《ちから》を持《も》っておらず、何《なに》もできないことが多《おお》いということ。

由《ゆ》来《らい》

吠《ほ》えてばかりの犬《いぬ》は、本当《ほんとう》は強《つよ》くないという見方《みかた》は世界共通《せかいきょうつう》なんだ。外国《がいこく》から日本《にほん》に来《き》たことばだよ。

使《つか》い方《かた》

前《まえ》を通《とお》っただけなのにたくさん吠《ほ》えられて、ちょっとこわかったよ。

大丈夫《だいじょうぶ》さ！　吠《ほ》える犬《いぬ》はめったにかみつかないんだから。

もっと知《し》りたい！ 犬《いぬ》のことば

犬《いぬ》が西《にし》向《む》きゃ尾《お》は東《ひがし》

意《い》味《み》 当《あ》たり前《まえ》のこと。だれでも知《し》っていること。

由《ゆ》来《らい》 犬《いぬ》が西《にし》の方《ほう》角《がく》を向《む》けば、犬《いぬ》のしっぽは東《ひがし》の方《ほう》角《がく》を向《む》くよね。このことから、当《あ》たり前《まえ》のことを表《あらわ》すのに、使《つか》うようになったんだって。

犬《いぬ》も食《く》わぬ

意《い》味《み》 だれも好《この》まず、相《あい》手《て》にしないような、くだらないこと。

由《ゆ》来《らい》 犬《いぬ》は拾《ひろ》い食《ぐ》いなど、何《なん》でも口《くち》に入《い》れてしまいがち。そんな犬《いぬ》でも食《た》べない、ということから。

尾《お》を振《ふ》る犬《いぬ》は叩《たた》かれず

意《い》味《み》 あいきょうを振《ふ》りまいておけば、こうげきされないということ。

由《ゆ》来《らい》 しっぽをパタパタ振《ふ》って飼《か》い主《ぬし》にしたがう犬《いぬ》のことを、にくく思《おも》って叩《たた》く人《ひと》はいないよね。

かませ犬《いぬ》

意《い》味《み》 主《しゅ》役《やく》を引《ひ》き立《た》てるために、負《ま》ける役《やく》目《め》の人《ひと》。また、スポーツで新《しん》人《じん》や弱《よわ》いチームに自《じ》信《しん》をつけさせるために、たたかわせる相《あい》手《て》。

由《ゆ》来《らい》 闘《とう》犬《けん》という行《ぎょう》事《じ》があった。出《しゅつ》場《じょう》する犬《いぬ》を育《そだ》てるとき、弱《よわ》い犬《いぬ》を用《よう》意《い》して勝《か》つことをおぼえさせたんだ。

けしかける

意《い》味《み》

相手《あいて》に向《む》かってこうげきするように仕向《しむ》けること。また、おだてて自分《じぶん》に都合《つごう》がよいような行《おこな》いをさせること。

由《ゆ》来《らい》

昔《むかし》、闘犬《とうけん》で自分《じぶん》の犬《いぬ》を相手《あいて》の犬《いぬ》とたたかわせるとき、「けしけし」と声《こえ》をかけていたんだって。

羊頭《ようとう》をかかげて狗肉《くにく》を売《う》る

意《い》味《み》

外《そと》から見《み》るとりっぱだが、中身《なかみ》はよくないこと。

由《ゆ》来《らい》

中国《ちゅうごく》では犬《いぬ》の肉《にく》（狗肉《くにく》）を食《た》べる文化《ぶんか》がある。昔《むかし》、羊《ひつじ》の頭《あたま》をかんばんとしてかけておきながら、狗肉《くにく》を売《う》ったという、中国《ちゅうごく》の書物《しょもつ》「無門関《むもんかん》」にあることばだよ。

たのむとたのまれては犬《いぬ》も木《き》へ登《のぼ》る

意《い》味《み》

どうしてもと相手《あいて》にたのまれると、できないことでもやってみようという気持《きも》ちになること。

由《ゆ》来《らい》

犬《いぬ》は木登《きのぼ》りが苦手《にがて》。でも、どうしてもとたのまれたら、苦手《にがて》な木登《きのぼ》りにもチャレンジするというのが由来《ゆらい》だよ。

旅《たび》の犬《いぬ》が尾《お》をすぼめる

意《い》味《み》

家《いえ》の中《なか》ではいばっているが、外《そと》へ出《で》ると意気地《いくじ》がなくなること。

由《ゆ》来《らい》

犬《いぬ》には自分《じぶん》のなわばりがあって、そのなわばりから出《で》ると、しっぽがたれて元気《げんき》がなくなるんだって。

人間《にんげん》とはたらくパートナー・イヌ

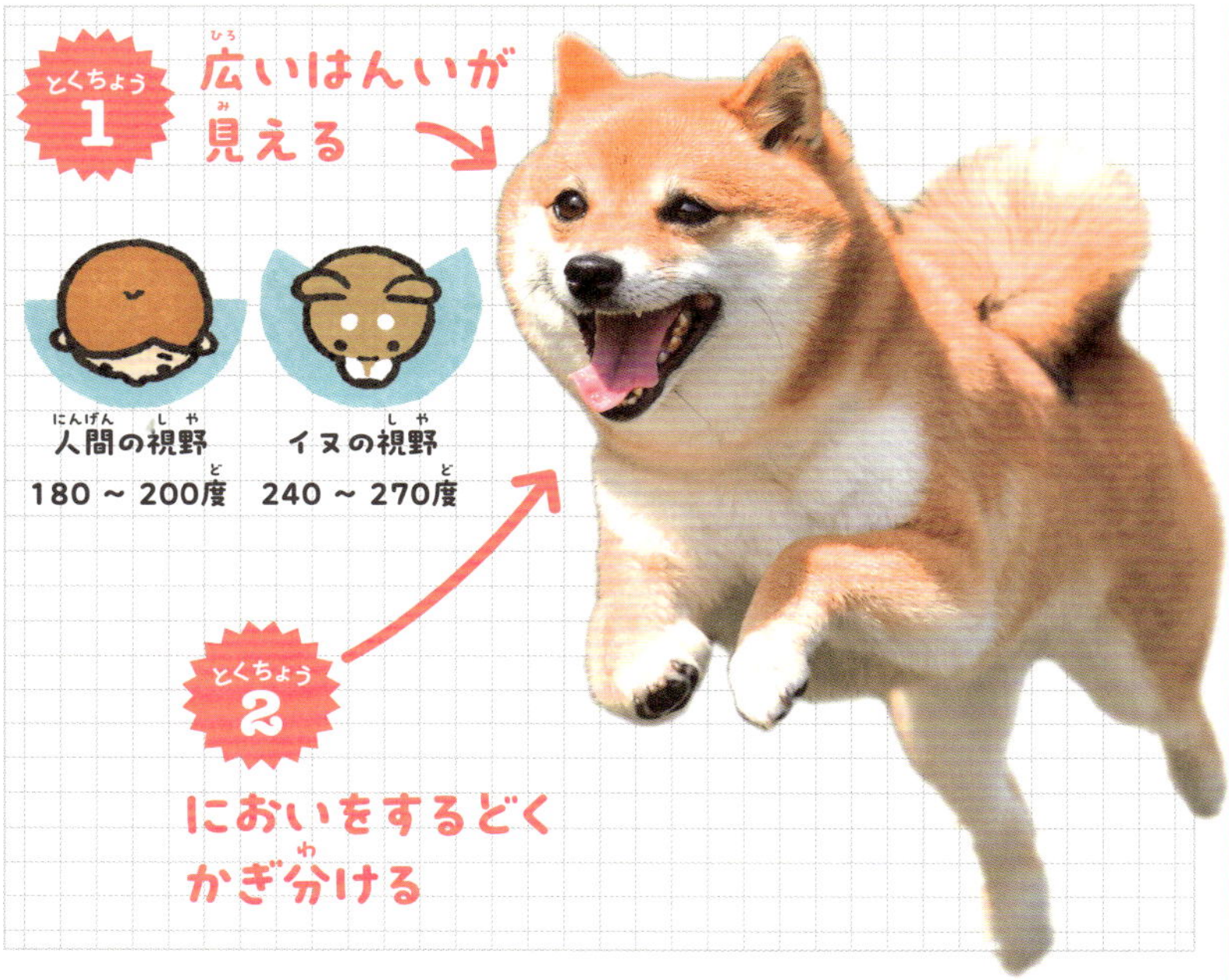

とくちょう 1 ― 広《ひろ》いはんいが見《み》える

人間《にんげん》もイヌも、片目《かため》で見《み》えるはんいは、150度《ど》くらいです。しかし両目《りょうめ》では、人間《にんげん》が180～200度《ど》なのに対《たい》し、イヌは240～270度《ど》にもなります。イヌは、首《くび》を動《うご》かさなくても後《うし》ろのほうを見《み》られるのです。

とくちょう 2 ― においをするどくかぎ分《わ》ける

イヌは人間《にんげん》には感《かん》じられない、うすいにおいもかぎ分《わ》けます。その力《ちから》は人間《にんげん》の1千《せん》～1億倍《おくばい》。警察犬《けいさつけん》や災害救助犬《さいがいきゅうじょけん》は、わずかなあせのにおいを手《て》がかりに、人《ひと》をさがします。

オオカミから作《つく》られたイエイヌ

ペットや家《か》ちくとして飼《か》われているイヌを、イエイヌともいいます。2万《まん》年《ねん》以《い》上《じょう》前《まえ》に、人間《にんげん》が飼《か》いならしたオオカミが、イエイヌの祖先《そせん》です。それ以来《いらい》、イエイヌはずっと、人間《にんげん》のかりの手伝《てつだ》いをしたり、番犬《ばんけん》をしたりと、人間《にんげん》を助《たす》けてきました。今《いま》ではイエイヌは、世界《せかい》で700~800種類《しゅるい》ほどいるといわれます。

オオカミ
体長《たいちょう》82cm～160cmほど。リーダーのおすとめすを中心《ちゅうしん》としたむれを作《つく》り、かりをします。

おそ1万《まん》年《ねん》前《まえ》、日本《にほん》にはすでにイヌがいました。人間《にんげん》といっしょにイノシシなどのかりをしていたようです。リーダーを中心《ちゅうしん》にむれを作《つく》るかしこいオオカミは、人間《にんげん》とくらすうちに、人間《にんげん》をリーダーと見《み》て、したがうようになったのかもしれません。これらのイヌたちの一部《いちぶ》が、秋田犬《あきたいぬ》やしば犬《いぬ》などの日本犬《にほんけん》の祖先《そせん》に当《あ》たると考《かんが》えられます。

ニホンオオカミ
日本《にほん》の本州《ほんしゅう》、四国《しこく》、九州《きゅうしゅう》でくらし、シカなどを食《た》べていました。しかし、1905年《ねん》に絶滅《ぜつめつ》したとされます。

人間《にんげん》の代《か》わりをしてくれる犬《いぬ》

神社《じんじゃ》にお参《まい》りしてくれる参内犬《さんだいけん》

江戸《えど》時代《じだい》、伊勢神宮《いせじんぐう》にお参《まい》りをする「お伊勢参《いせまい》り」が流行《りゅうこう》しました。しかし、鉄道《てつどう》も車《くるま》もない時代《じだい》に、遠《とお》くからのお伊勢参《いせまい》りは大変《たいへん》でした。そこで、主人《しゅじん》に代《か》わりお参《まい》りをする、参内犬《さんだいけん》があらわれたのです。参内犬《さんだいけん》は2か月《げつ》ほどの道中《どうちゅう》、人《ひと》びとにかわいがられ、大事《だいじ》に旅先《たびさき》へと送《おく》りとどけられたそうです。

人間《にんげん》のための仕事《しごと》をする犬《いぬ》

目《め》の不自由《ふじゆう》な人《ひと》を、安全《あんぜん》にあんないする盲導犬《もうどうけん》がいます。耳《みみ》の不自由《ふじゆう》な人《ひと》に、タイマーやスマートフォンの音《おと》などを聞《き》き分《わ》けて伝《つた》える聴導犬《ちょうどうけん》や、手《て》や足《あし》に障《しょう》がいのある人《ひと》を助《たす》ける介助犬《かいじょけん》もいます。みんな、人間《にんげん》のためにはたらいている犬《いぬ》たちです。町中《まちなか》で見《み》かけたときは、そっと見守《みまも》ってあげましょう。

▲鳥居《とりい》の下《した》にいる白《しろ》い犬《いぬ》が参内犬《さんだいけん》です。

三重県立美術館所蔵

4

狐《きつね》・狸《たぬき》にまつわることば

虎《とら》の威《い》を借《か》る狐《きつね》

意《い》味《み》

自分《じぶん》は弱《よわ》いのに、強《つよ》い人《ひと》の力《ちから》をたよって、いばる人《ひと》のたとえ。

由《ゆ》来《らい》

虎《とら》に捕《つか》まった狐《きつね》は「自分《じぶん》は百獣《ひゃくじゅう》の王《おう》だ」とうそをつき、虎《とら》をつれて歩《ある》いた。本当《ほんとう》は虎《とら》をおそれて逃《に》げ出《だ》す動物《どうぶつ》を、自分《じぶん》の力《ちから》のように見《み》せた話《はなし》が由来《ゆらい》だよ。

使《つか》い方《かた》

えっへん！ みんなぼくを見《み》ると、道《みち》を空《あ》けるんだよね。

ほう。まさにこれが**虎《とら》の威《い》を借《か》る狐《きつね》**なんだな。

★★☆

狐《きつね》につままれる

意《い》味《み》

わけがわからなくなり、ぼんやりすること。

由《ゆ》来《らい》

狐《きつね》は人《ひと》をだますとされたのが由《ゆ》来《らい》で、つままれるは、だまされるという意《い》味《み》なんだ。

使《つか》い方《かた》

え？ あれ？ さっきまで夜店《よみせ》が出《で》ていたのに！ お祭《まつ》りはどこ？

ふふふ、なんでだろうね。**狐《きつね》につままれ**ちゃったのかなぁ？

狸《たぬき》寝《ね》入《い》り

意《い》味《み》

目《め》がさめているのに、ねむっているふりをすること。

由《ゆ》来《らい》

狸《たぬき》はおどろくと気絶《きぜつ》する習性《しゅうせい》がある。これを、人《ひと》をだますために寝《ね》たふりをしていると思《おも》ったことから。

使《つか》い方《かた》

ほら、お出《で》かけするよ。**狸《たぬき》寝《ね》入《い》り**してもだまされないんだから。

だ～めだ、この子《こ》ほんとに寝《ね》てるよ。**狸《たぬき》寝《ね》入《い》り**じゃないや。

★★☆

捕《と》らぬ狸《たぬき》の皮《かわ》算用《ざんよう》

意味《いみ》

まだ手《て》にしていないうちから、あれこれ当《あ》てにして、計算《けいさん》や計画《けいかく》をすること。

由来《ゆらい》

捕《つか》まえてもいない狸《たぬき》の皮《かわ》を、いくらで売《う》ろうかと考《かんが》えることからできたことばだよ。

使《つか》い方《かた》

狸《たぬき》の毛皮《けがわ》は高《たか》く売《う》れるんだ。1ぴき捕《つか》まえたら、あれを買《か》って…

捕《と》らぬ狸《たぬき》の皮《かわ》算用《ざんよう》だ。みんな今《いま》のうちに早《はや》く逃《に》げて！

★★★

狐《きつね》と狸《たぬき》の化《ば》かし合《あ》い

意《い》味《み》

ずるい者《もの》どうしが、おたがいに相手《あいて》をだまそうとすること。

由《ゆ》来《らい》

昔《むかし》、狐《きつね》も狸《たぬき》も人《ひと》をだますとされていたことから。昔《むかし》は、狐《きつね》も狸《たぬき》も人里《ひとざと》近《ちか》くにすんでいて、とても身近《みぢか》な動物《どうぶつ》だったんだね。

使《つか》い方《かた》

狐火《きつねび》を出《だ》して、狸《たぬき》をおどろかせよう！

ぼくは人《ひと》に化《ば》けるぞ。**狐《きつね》と狸《たぬき》の化《ば》かし合《あ》い**だ。

★★★ 同《おな》じ穴《あな》のむじな

意《い》味《み》

同《おな》じなかまであることのたとえ。

由《ゆ》来《らい》

「ひとつの穴《あな》にすんでいる、むじな（狸《たぬき》やあなぐま）」という意味《いみ》からできたことば。ふつう、悪《わる》いことをするなかまのときに使《つか》うんだって。

使《つか》い方《かた》

この子《こ》がきみのご飯《はん》を食《た》べたの！ぼくは、見《み》てただけだよ。

うわぁん。止《と》めなかったなら、同《おな》じ穴《あな》のむじなじゃないか～！

もっと知《し》りたい！ 狐《きつね》・狸《たぬき》のことば

狐《きつね》火《び》

意《い》味《み》

暗《くら》い夜《よる》、山《やま》や野原《のはら》で見《み》えたり消《き》えたりする、あやしい火《ひ》。鬼火《おにび》。

由《ゆ》来《らい》

狐《きつね》が口《くち》から火《ひ》をはくという、昔《むかし》の言《い》い伝《つた》えからできたことばだよ。

狐《きつね》の嫁《よめ》入《い》り

意《い》味《み》

太陽《たいよう》が出《で》ていて明《あか》るいのに、雨《あめ》がぱらぱらとふること。天気雨《てんきあめ》。

由《ゆ》来《らい》

天気雨《てんきあめ》をふしぎに思《おも》った昔《むかし》の人《ひと》は、狐《きつね》の嫁入《よめい》り行列《ぎょうれつ》を人《ひと》に見《み》られないように、狐《きつね》がうその雨《あめ》を見《み》せていると考《かんが》えたんだって。

狐《きつね》色《いろ》

意《い》味《み》

少《すこ》し黄色《きいろ》がかった、うすいこげ茶《ちゃ》色《いろ》。

由《ゆ》来《らい》

狐《きつね》の背中《せなか》の毛色《けいろ》が、こういう色《いろ》なんだね。

尻尾《しっぽ》を出《だ》す

意《い》味《み》

ごまかしていたことや、隠《かく》していたことが、見《み》つかってしまうこと。

由《ゆ》来《らい》

狐《きつね》や狸《たぬき》がうまく人《ひと》に化《ば》けていても、しっぽを出《だ》したら、あれ？と正体《しょうたい》がすぐわかってしまうことから。

狸《たぬき》が人《ひと》に化《ば》かされる

意味《いみ》

だまそうとした相手《あいて》から、ぎゃくにだまされること。

由来《ゆらい》

ふだんは人《ひと》をだます側《がわ》の狸《たぬき》もちょっとゆだんしたら、ぎゃくにだまされちゃうんだって。

狸顔《たぬきがお》

意味《いみ》

とぼけたような顔《かお》つき。ふんわりしたりんかくや、丸《まる》い目《め》など、かわいい顔《かお》という意味《いみ》でも使《つか》われるよ。

由来《ゆらい》

狸《たぬき》は人《ひと》をだますとされていたことから、人《ひと》をばかにしたようなとぼけた顔《かお》つきのことを、狸顔《たぬきがお》というようになったよ。

狐《きつね》に小豆《あずき》飯《めし》

意味《いみ》

ゆだんできないこと。また、まちがいが起《お》こりやすくて、きけんなこと。※「猫《ねこ》に鰹節《かつおぶし》」と同《おな》じ意味《いみ》のことば。

由来《ゆらい》

狐《きつね》は油《あぶら》あげもだけど、小豆飯《あずきめし》も好《す》きなんだって。好《す》きなものを前《まえ》におけば、すぐに手《て》を出《だ》すことからできたことばだよ。

尻尾《しっぽ》をつかむ

意味《いみ》

ごまかしていたことや、隠《かく》していたことを見《み》つけること。

由来《ゆらい》

うまく人《ひと》に化《ば》けている狐《きつね》や狸《たぬき》がいても、そのしっぽをつかまれたら、正体《しょうたい》がばれてしまうことから。

身近《みぢか》な野生動物《やせいどうぶつ》・タヌキ

とくちょう 1 おくびょうな性格《せいかく》

とくちょう 2 ため糞《ふん》をする

とくちょう 1 ー おくびょうな性格《せいかく》

タヌキはとてもおくびょうで、おどろいたときに、気絶《きぜつ》してしまいます。これは、天敵《てんてき》に死《し》んだと思《おも》わせてゆだんさせ、そのすきに逃《に》げようとする、生《い》きるための作戦《さくせん》です。

とくちょう 2 ー ため糞《ふん》をする

タヌキは糞《ふん》をする場所《ばしょ》にこだわります。むれでトイレの場所《ばしょ》を決《き》め、毎日《まいにち》同《おな》じ場所《ばしょ》で糞《ふん》をします。この場所《ばしょ》は、何《なん》世《せ》代《だい》も受《う》けつがれることもあります。

日本《にほん》でくらすイヌ科《か》の野生動物《やせいどうぶつ》たち

キツネとタヌキ、どちらも森林《しんりん》などでくらしています。近年《きんねん》、かれらへの餌付《えづ》けが問題《もんだい》になっています。

いちど人間《にんげん》の食《た》べ物《もの》の味《あじ》をおぼえた動物《どうぶつ》は、何度《なんど》も人間《にんげん》に近《ちか》づくようになります。食《た》べ物《もの》をもとめて道路《どうろ》に出《で》て、車《くるま》にひかれる悲《かな》しい事故《じこ》も起《お》きています。

道路《どうろ》に出《で》て人間《にんげん》に近《ちか》づくキツネ

人間《にんげん》になれてしまい、人間《にんげん》が近《ちか》づいてもすぐに逃《に》げません。

人《にん》間《げん》の近《ちか》くでくらすようになると、食《た》べ物《もの》をもとめて、ゴミ袋《ぶくろ》をあさってしまったり、農作《のうさく》物《ぶつ》をあらしてしまったりします。

人間《にんげん》にも、寄生虫《きせいちゅう》やダニの病気《びょうき》などがうつることがあります。人間《にんげん》と野生動物《やせいどうぶつ》が、おたがいのくらしやすみかに線《せん》を引《ひ》き、共生《きょうせい》することが大切《たいせつ》です。

キタキツネの親子《おやこ》

おすとめすで子育《こそだ》てをします。夏《なつ》になると子《こ》どもは１ぴきで巣立《すだ》ちます。

ちょこっと図鑑《ずかん》

イヌのなかま

アカギツネ

Fox

さまざまな環境《かんきょう》に、おすとめすのペアでくらします。日本《にほん》には亜種《あしゅ》のホンドギツネ、キタキツネがくらします。

タヌキ

Raccoon Dog

藪《やぶ》やアナグマの巣穴《すあな》でくらします。日本《にほん》には亜種《あしゅ》のホンドタヌキ、エゾタヌキがくらします。

イエイヌ

Domestic Dog

人間《にんげん》のそばでくらすイヌ。番犬《ばんけん》やかりの手伝《てつだ》いなど、長《なが》い間《あいだ》、人間《にんげん》の役《やく》に立《た》ってきました。

ヤブイヌ

Bush Dog

短《みじか》いあし、ずんぐりした体型《たいけい》は、藪《やぶ》をくぐりぬけるのに向《む》いています。また、泳《およ》ぎも得意《とくい》です。

フェネック

Fennec Fox

砂漠《さばく》にほった穴《あな》にひそみ、夜《よる》に行動《こうどう》します。大《おお》きな耳《みみ》でわずかな音《おと》も聞《き》き分《わ》けられます。

オオカミ

Wolf

イヌ科動物《かどうぶつ》の中《なか》で最大《さいだい》です。パックとよばれるむれを作《つく》り、長時間《ちょうじかん》えものを追《お》いかけて仕留《しと》めます。

リカオン

Lycaon

斑《まだら》もようの体《からだ》、大《おお》きな耳《みみ》と長《なが》いあしがとくちょうです。むれで協力《きょうりょく》してかりを行《おこな》います。

縁《えん》起《ぎ》物《もの》のタヌキのおき物《もの》

どうしてタヌキが縁《えん》起《ぎ》物《もの》に？

町中《まちなか》でもときどき目《め》にする、タヌキのおき物《もの》。タヌキは、「他《た》を抜《ぬ》く」という言葉《ことば》に似《に》ているため、元《もと》もと商売《しょうばい》や出世《しゅっせ》などにご利益《りやく》があるとされました。そのため、商店《しょうてん》の店先《みせさき》などにおかれるようになったのです。

八《やっ》つの縁《えん》起《ぎ》を表《あらわ》すおき物《もの》

おき物《もの》のかわいいすがたは、八相縁起《はっそうえんぎ》とよばれる八《やっ》つの縁起《えんぎ》を表《あらわ》しています。たとえば頭《あたま》のかさは、思《おも》いがけないこと（急《きゅう》な雨《あめ》）にふだんからじゅんびするようすを表《あらわ》します。また、大《おお》きなおなかは、商《しょう》売《ばい》をするうえで大切《たいせつ》な、れいせいさとだいたんさを表《あらわ》しています。

5

牛《うし》・馬《うま》にまつわることば

牛《うし》の歩《あゆ》み

意《い》味《み》

物事《ものごと》の進《すす》み方《かた》がとてもおそいこと。

由《ゆ》来《らい》

牛《うし》はいつも、のんびりゆっくり歩《ある》くよね。そのようすからできたことばだよ。

使《つか》い方《かた》

も～みんな急《いそ》いじゃってさ。ぼくは**牛《うし》の歩《あゆ》み**で行《い》くさ。

マラソンのときくらい、急《いそ》いだほうがいいんじゃないかなぁ。

牛《ぎゅう》耳《じ》を執《と》る

意《い》味《み》

自《じ》分《ぶん》の思《おも》いどおりにみんなを動《うご》かしたり、相《あい》手《て》をあやつったりすること。

由《ゆ》来《らい》

昔《むかし》の中国《ちゅうごく》でなかまになるやくそくをするとき、リーダーが牛《うし》の耳《みみ》をさき、みんなでその血《ち》をすすったことから。

使《つか》い方《かた》

今《いま》からこの牧《ぼく》場《じょう》の牛《ぎゅう》耳《じ》を執《と》るぞ。ほら早《はや》く移《い》動《どう》しろ！

そんなえらそうにしなくても、動《うご》いてあげるのに。やな感《かん》じね。

★★★

馬《うま》の耳《みみ》に念仏《ねんぶつ》

意味《いみ》

いくら言《い》って聞《き》かせても、少《すこ》しもきき目《め》がなく、知《し》らん顔《かお》をされること。

由来《ゆらい》

馬《うま》に念仏《ねんぶつ》を聞《き》かせてみたらどうなるかな。きっと、ありがたがってはくれないよね。

使《つか》い方《かた》

きみにもありがたい念仏《ねんぶつ》を、となえて聞《き》かせてあげよう。

そんなの興味《きょうみ》ないし、知《し》らないもんね。**馬《うま》の耳《みみ》に念仏《ねんぶつ》**だね。

馬《うま》が合《あ》う

★★★

意《い》味《み》

おたがいに気《き》が合《あ》う。また、気持《きも》ちがぴったりと合《あ》う。

由《ゆ》来《らい》

乗馬《じょうば》で、馬《うま》と乗《の》り手《て》との息《いき》がぴったり合《あ》うことが由来《ゆらい》だよ。それを、人間《にんげん》どうしにも当《あ》てはめていったことばなんだって。

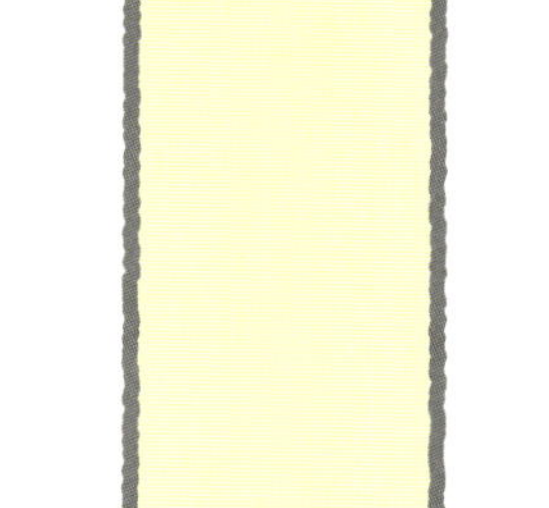

使《つか》い方《かた》

きみとは息《いき》ぴったりだ。次《つぎ》の大会《たいかい》もきっと1位《い》だ！

きみのほうこそ乗《の》せやすいよ。**馬《うま》が合《あ》う**とはこのことだね。

★★★

馬子《まご》にも衣装《いしょう》

意《い》味《み》

だれでも身《み》なりを整《ととの》えれば、りっぱに見《み》えるというたとえ。

由《ゆ》来《らい》

「馬子《まご》」は、昔《むかし》、馬《うま》を引《ひ》いて荷物《にもつ》などを運《はこ》んだ人《ひと》のこと。いつもそまつな身《み》なりをしている馬子《まご》も、よい服《ふく》を着《き》ればりっぱに見《み》えるだろうということから。

使《つか》い方《かた》

殿《との》！　大切《たいせつ》な馬《うま》はこちらでおあずかりします。

ぼくはただの馬子《まご》で…**馬子《まご》にも衣装《いしょう》**って本当《ほんとう》なんだ。

★★★ ひょうたんから駒《こま》が出《で》る

意《い》味《み》

思《おも》いがけないことが、じつげんすること。じょうだんで言《い》ったことが本当《ほんとう》になること。

由《ゆ》来《らい》

駒《こま》は、馬《うま》のこと。ひょうたんから馬《うま》が出《で》てくるなんてありえないけど、ひょうたんの中《なか》には別世界《べっせかい》があるのかも、と昔《むかし》の人《ひと》は考《かんが》えたんだって。

使《つか》い方《かた》

うわ！ なんで馬《うま》が出《で》てくるの？ ありえないよ。

ひょうたんから駒《こま》が出《で》ることだって、あるもんなんだねぇ。

もっと知《し》りたい！ 牛《うし》・馬《うま》のことば

駒《こま》を進《すす》める

意《い》味《み》

次《つぎ》のだんかいに進《すす》み出《で》ること。試《し》合《あい》などで勝《か》ち進《すす》むこと。

由《ゆ》来《らい》

駒《こま》は、乗《の》っている馬《うま》のこと。次《つぎ》のだんかいに進《すす》むことを、馬《うま》をぱっかぱっか走《はし》らせることになぞらえたいい方《かた》だよ。

はなむけ

意《い》味《み》

旅《たび》に出《で》る人《ひと》や、わかれていく人《ひと》に、心《こころ》をこめて、お金《かね》・品物《しなもの》・ことばなどをおくること。

由《ゆ》来《らい》

昔《むかし》、旅《たび》に出《で》る人《ひと》の道中《どうちゅう》の無事《ぶじ》をいのり、その人《ひと》の馬《うま》の鼻《はな》を旅《たび》の目的《もくてき》地《ち》に向《む》ける習《なら》わしがあったんだ。

ひしめく

意《い》味《み》

たくさんの人《ひと》や、多《おお》くのものが集《あつ》まって、押《お》し合《あ》う。こんざつする。

由《ゆ》来《らい》

ひしめくは、漢字《かんじ》で書《か》くと「犇《ひし》めく」。この字《じ》は、たくさんの牛《うし》が走《はし》るようすを表《あらわ》しているんだ。

牛《ぎゅう》飲《いん》馬《ば》食《しょく》

意《い》味《み》

むやみやたらに、たくさん飲《の》んだり食《た》べたりすること。

由《ゆ》来《らい》

牛《うし》はよく水《みず》を飲《の》み、馬《うま》はよく食《た》べるようすが由来《ゆらい》で、昔《むかし》の中国《ちゅうごく》の書《しょ》物《もつ》「史記《しき》」にあることばだよ。

拍車《はくしゃ》をかける

意味《いみ》

力《ちから》を加《くわ》えて、物事《ものごと》がいっそう速《はや》く進《すす》むようにする。

由来《ゆらい》

拍車《はくしゃ》は、馬《うま》に乗《の》る人《ひと》がくつのかかとにつける金具《かなぐ》。この拍車《はくしゃ》で馬《うま》のおなかをしげきして、速《はや》く走《はし》らせるんだ。

野次馬《やじうま》

意味《いみ》

事件《じけん》などが起《お》こると、自分《じぶん》は何《なん》のかんけいもないのに、人《ひと》のあとについてさわぎ回《まわ》ること。また、そのような人《ひと》。

由来《ゆらい》

野次馬《やじうま》は、元《もと》もとは親父馬《おやじうま》（年《とし》をとった馬《うま》）を指《さ》す。親父馬《おやじうま》は役《やく》に立《た》たないというのが由来《ゆらい》だよ。

羽目《はめ》を外《はず》す

意味《いみ》

調子《ちょうし》に乗《の》りすぎること。

由来《ゆらい》

羽目《はめ》は馬《うま》の口《くち》にくわえさせ、馬《うま》に乗《の》る人《ひと》の命令《めいれい》を伝《つた》える道具《どうぐ》「馬銜《はみ》」が転《てん》じたもの。外《はず》すとコントロールができなくなってしまうよ。

塞翁《さいおう》が馬《うま》

意味《いみ》

人生《じんせい》においては、何《なに》が幸《しあわ》せで、何《なに》が不幸《ふしあわ》せかということはあとにならないとわからない。すぐに喜《よろこ》んだり、悲《かな》しんだりするものではないということ。

由来《ゆらい》

飼《か》っていた馬《うま》が逃《に》げたが、よい馬《うま》をつれて帰《かえ》ってきた。さらに、よい馬《うま》に乗《の》った息子《むすこ》が落馬《らくば》してけがをしたため、戦争《せんそう》に行《い》かずにすんだ、という昔《むかし》の中国《ちゅうごく》の話《はなし》から。

おだやかでかしこいパートナー・ウマ

とくちょう1 ― 大《おお》きくて、まわりが見《み》える目《め》

ウマの視野《しや》は、およそ350度《ど》。まわりのほとんどが見《み》えます。これは、草食動物《そうしょくどうぶつ》であるウマが、天敵《てんてき》となる肉食動物《にくしょくどうぶつ》から身《み》を守《まも》るためのものです。

とくちょう2 ― 高《たか》い記憶力《きおくりょく》

ウマは、とても記憶力《きおくりょく》がよいといわれます。自分《じぶん》の世話《せわ》をしてくれる人《ひと》、背中《せなか》に乗《の》る人《ひと》のこともよくわかっています。楽《たの》しかったことや、いやな思《おも》いをしたことも、ちゃんとおぼえているそうです。

わたしたちの生活《せいかつ》を支《ささ》えるウシとウマ

ウシやウマは、野生《やせい》のものが人《ひと》によって飼《か》いならされました。昔《むかし》から人《ひと》や荷物《にもつ》を運《はこ》んだり、農作業《のうさぎょう》を手伝《てつだ》ってもらったりしています。今《いま》の日本《にほん》ではあまり見《み》かけなくなりましたが、畑《はたけ》や田《た》んぼの土《つち》をほり返《かえ》したり、重《おも》い荷物《にもつ》を運《はこ》んだりするとき、ウシやウマが大《だい》かつやくします。

田《た》んぼをたがやすウシ

ウシやウマは世界各地《せかいかくち》で、農作業《のうさぎょう》のパートナーとして大切《たいせつ》にされています。

また、ウシやウマは食料《しょくりょう》としても、わたしたちの生活《せいかつ》を支《ささ》えています。ウシは牛乳《ぎゅうにゅう》やより多《おお》くの肉《にく》をとるために、品種改良《ひんしゅかいりょう》がされました。ウマ食《しょく》も食文化《しょくぶんか》のひとつとして、昔《むかし》から日本各地《にほんかくち》で根付《ねづ》いています。

乳牛《にゅうぎゅう》のホルスタイン

世界《せかい》でもっとも代表的《だいひょうてき》な乳用品種《にゅうようひんしゅ》。年間《ねんかん》で6000kg以上《いじょう》の牛乳《ぎゅうにゅう》が取《と》れます。

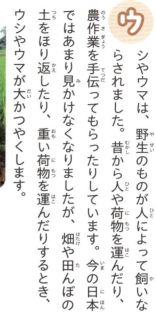

ちょこっと図鑑《ずかん》

ひづめを持《も》つなかま

サバンナシマウマ

Common Zebra

草《くさ》や水《みず》をもとめて、季節《きせつ》によって大《おお》きなむれで移《い》動《どう》します。しまもようは、なかまを見《み》分《わ》ける目印《めじるし》になっています。

シロサイ

White Rhinoceros

最大《さいだい》のサイ。広《ひろ》く平《たい》らな口《くち》先《さき》で草《くさ》をいちどにたくさんむしり取《と》って食《た》べます。

カバ

Hippopotamus

水辺《みずべ》でくらし、出産《しゅっさん》や授《じゅ》乳《にゅう》も水中《すいちゅう》で行《おこな》います。皮《ひ》ふは乾燥《かんそう》に弱《よわ》く、粘液《ねんえき》を出《だ》して守《まも》ります。

ヒトコブラクダ

One-humped Camel

乾燥《かんそう》に強《つよ》く、1週間水《しゅうかんみず》を飲《の》まなくても生《い》きられます。はば広《ひろ》いひづめは、砂《すな》にしずみにくくなっています。

ヘラジカ

Eurasian Elk

シカのなかまで最大《さいだい》です。おすにはてのひら状《じょう》の角《つの》があるのがとくちょうです。

キリン

Giraffe

アカシアの葉《は》をもとめてサバンナを移動《いどう》します。長《なが》い舌《した》で高《たか》い木《き》の葉《は》をからめ取《と》って食《た》べます。

ヒツジ

Sheep

毛《け》や肉《にく》が人間《にんげん》に利用《りよう》されます。大《おお》きならせん状《じょう》の角《つの》を持《も》つおすもいます。

お盆《ぼん》の乗《の》り物《もの》、精霊馬《しょうりょううま》と精霊牛《しょうりょううし》

お盆《ぼん》になると作《つく》る乗《の》り物《もの》

お盆《ぼん》の時期《じき》、キュウリとナスでできたお供《そな》え物《もの》が作《つく》られます。これは精霊馬《しょうりょううま》と精霊牛《しょうりょううし》といい、亡《な》くなった人《ひと》の魂《たましい》が、わたしたちのくらす世《よ》と、あの世《よ》とを往来《おうらい》するための乗《の》り物《もの》として使《つか》われます。

早《はや》く来《く》る馬《うま》、ゆっくり帰《かえ》る牛《うし》

キュウリで作《つく》られるのは足《あし》の速《はや》い馬《うま》で、ナスで作《つく》られるのは、力持《ちからも》ちでおっとりとした牛《うし》。亡《な》くなった人《ひと》に早《はや》く来《き》てほしいという思《おも》いで、馬《うま》を作《つく》ります。そして、帰《かえ》りはたくさんのお供《そな》え物《もの》を持《も》ってゆっくり帰《かえ》れるようにと牛《うし》を作《つく》って、行《い》きと帰《かえ》りそれぞれの乗《の》り物《もの》を用意《ようい》するのです。

6

猿《さる》にまつわることば

猿《さる》も木《き》から落《お》ちる

意《い》味《み》

どんな名人《めいじん》でもしっぱいすることがあるというたとえ。

由《ゆ》来《らい》

木登《きのぼ》りが得意《とくい》な猿《さる》も、時《とき》には木《き》から落《お》ちることがあるんだって。

使《つか》い方《かた》

あ！ 落《お》ちちゃった！ 木登《きのぼ》り得意《とくい》なはずなのに…

猿《さる》も木《き》から落《お》ちるっていうし、たまには着地《ちゃくち》も練習《れんしゅう》しなきゃね。

★★★

猿《さる》真《ま》似《ね》

意《い》味《み》

何《なに》も考《かんが》えずに、むやみに人《ひと》の真似《まね》をすること。

由《ゆ》来《らい》

猿《さる》が人《ひと》の動作《どうさ》を見《み》て、真似《まね》をするようすが由《ゆ》来《らい》だよ。

使《つか》い方《かた》

ふむふむ、手《て》をこうして…こんな感《かん》じ？

そんなの**猿真似**《さるまね》だよー！ ぼくはゲームがこわれて悲《かな》しんでるのに…

猿《さる》に木《き》登《のぼ》りを教《おし》える

意《い》味《み》

そのことをよく知《し》っている人《ひと》に教《おし》えこもうとする、むだな行《おこな》いのこと。

由《ゆ》来《らい》

猿《さる》は木《き》登《のぼ》りが得意《とくい》だから、わざわざ木《き》登《のぼ》りを教《おし》える必要《ひつよう》はないよね。

使《つか》い方《かた》

ぼくはクラスでいちばん、木《き》登《のぼ》りがうまいんだ。ほら、教《おし》えてあげる！

ぼくたち**猿《さる》に木《き》登《のぼ》りを教《おし》える**なんて、ふしぎなことをするなぁ。

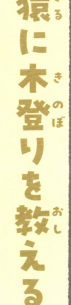

★★★ 見《み》ざる聞《き》かざる言《い》わざる

意味《いみ》

人《ひと》の短所《たんしょ》やあやまちなどは、見《み》ない、聞《き》かない、言《い》わないのがよいということ。

由来《ゆらい》

昔《むかし》の中国《ちゅうごく》の書物《しょもつ》「論語《ろんご》」にあることばが由来《ゆらい》。栃木県《とちぎけん》の日光東照宮《にっこうとうしょうぐう》に行《い》くと、このことばを表《あらわ》したレリーフの「三猿《さんざる》」に会《あ》えるよ。

使《つか》い方《かた》

ずっとケンカしてるよ、止《と》めたほうがいいかな？

見《み》ざる聞《き》かざる言《い》わざるで、かかわらないほうがいいよ。

もっと知《し》りたい！ 猿《さる》のことば

猿《さる》芝居《しばい》

意《い》味《み》 下手《へた》な芝居《しばい》。また、すぐにばれるような、考《かんが》えの足《た》りないたくらみ。

由《ゆ》来《らい》 猿《さる》にかつらをかぶせたり、洋服《ようふく》を着《き》せたりして、かぶき役者《やくしゃ》の真似《まね》をさせる見《み》せ物《もの》からできたことば。

猿《さる》知恵《ぢえ》

意《い》味《み》 かしこいようで、実《じつ》はおろかな考《かんが》え。

由《ゆ》来《らい》 かしこい動物《どうぶつ》とされる猿《さる》だけど、物事《ものごと》を深《ふか》く考《かんが》えられるかというと、そうではないと思《おも》われたんだ。猿《さる》のイメージからできたことばだよ。

猿《さる》に烏帽子《えぼし》

意《い》味《み》 その人《ひと》にふさわしくない服装《ふくそう》や、言動《げんどう》をしているということ。

由《ゆ》来《らい》 烏帽子《えぼし》は昔《むかし》、身分《みぶん》の高《たか》い男《おとこ》の人《ひと》が着《つ》けたかぶり物《もの》。猿《さる》に烏帽子《えぼし》をかぶせても、へんてこりんだよね。

猿《えん》こうが月《つき》を取《と》る

意《い》味《み》 身《み》のほど知《し》らずの大《おお》きなのぞみをいだいて、命《いのち》をちぢめること。

由《ゆ》来《らい》 木《き》の上《うえ》でくらす猿《さる》たちが、水《みず》にうつった月《つき》を取《と》ろうとして、おぼれて死《し》んでしまったという、昔《むかし》の中国《ちゅうごく》の話《はなし》が由来《ゆらい》だよ。

断腸《だんちょう》の思《おも》い

意味《いみ》

とてもつらくて悲《かな》しい気持《きも》ち。

由来《ゆらい》

昔《むかし》の中国《ちゅうごく》の人《ひと》が猿《さる》の子《こ》を捕《つか》まえたら、追《お》ってきた母猿《ははざる》が力《ちから》つきて死《し》んでしまった。その母猿《ははざる》の腸《ちょう》は悲《かな》しみのあまり切《き》れていたんだって。

朝《ちょう》三《さん》暮《ぼ》四《し》

意味《いみ》

目先《めさき》のそんとくにとらわれて、けっかが同《おな》じになることにまで気《き》が回《まわ》らないこと。また、うまいことを言《い》って人《ひと》をだますこと。

由来《ゆらい》

昔《むかし》の中国《ちゅうごく》で「トチの実《み》を朝《あさ》三《みっ》つ、夕方《ゆうがた》四《よっ》つあげる」と言《い》われた猿《さる》はぷんぷんおこった。でも「朝《あさ》四《よっ》つ、夕方《ゆうがた》三《みっ》つあげる」と言《い》われたら、よろこんだんだって。

猿《さる》の尻《しり》笑《わら》い

意味《いみ》

自分《じぶん》をかえりみずに、他人《たにん》を笑《わら》うこと。

由来《ゆらい》

猿《さる》は自分《じぶん》のおしりが赤《あか》いことに気《き》がつかず、ほかの猿《さる》のおしりが赤《あか》いことを笑《わら》っているように見《み》えることから。

猿《えん》ぴを伸《の》ばす

意味《いみ》

物《もの》などをつかむために、うでを長《なが》く伸《の》ばすこと。

由来《ゆらい》

猿《えん》ぴとは、猿《さる》の肩《かた》から手首《てくび》までのうでの部分《ぶぶん》。猿《さる》のうでをよく見《み》てみると、たしかにとても長《なが》いよね。

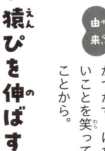

赤《あか》いおしりもするどい歯《は》も力《ちから》のしるし・サル

とくちょう1 赤《あか》くなるおしり

ニホンザルのおしりは、大人《おとな》になると赤《あか》くなります。けっこんの時期《じき》には、おすのおしりはますます赤《あか》くなり、それによってめすを引《ひ》きつけます。おしりの赤《あか》さは、強《つよ》さのしるしでもあります。

とくちょう2 かたい木《き》の実《み》を食《た》べる歯《は》

ニホンザルの歯《は》は、ヒトと数《かず》もならび方《かた》も同《おな》じです。木《き》の実《み》などのかたいものを食《た》べることができます。おすの犬歯《けんし》はとても大《おお》きく、敵《てき》をおどすのに使《つか》います。

世界《せかい》一《いち》北《きた》にすむサル

ニホンザルは、北海道《ほっかいどう》をのぞく、日本《にほん》の山《やま》にすんでいます。サルのなかまのほとんどは、ジャングルなどの暑《あつ》いところでくらしています。そのためニホンザルは、世界一北《せかいいちきた》、もっとも寒《さむ》い地域《ちいき》で生活《せいかつ》しているサル、といえます。

長野県地獄谷《ながのけんじごくだに》のニホンザル

冬《ふゆ》になると温泉《おんせん》に入《はい》りに来《く》るサルとして、世界《せかい》に知《し》られています。

宮《みや》崎県《ざきけん》の幸島《こうじま》には、サツマイモを海水《かいすい》であらってから食《た》べる、ニホンザルのむれがいます。1953年《ねん》に、たまたま1頭《とう》の子《こ》ザルが、イモについた土《つち》をあらい流《なが》して食《た》べました。これをきっかけに、ほかのサルも真似《まね》を始《はじ》めたのです。

宮崎県幸島《みやざきけんこうじま》のニホンザル

幸島《こうじま》にすむ90頭《とう》ほどのニホンザルたちは、みなサツマイモを海水《かいすい》であらって食《た》べます。

ちょこっと図鑑《ずかん》

サルのなかま

ショウガラゴ

Bushbaby

夜《よる》でもよく見《み》える大《おお》きな目《め》と耳《みみ》がとくちょうです。とてもすばやく動《うご》き、数《すう》m先《さき》までジャンプします。

ワオキツネザル

Ring-taild Lemur

マダガスカル島《とう》だけにくらします。しまもようの尾《お》をピンと立《た》てて歩《ある》きます。

ニホンザル

Japanese Macaque

スノーモンキーともよばれ、世界《せかい》でもっとも北《きた》にすむサルです。日本《にほん》の屋《や》久島《くしま》に亜種《あしゅ》のヤクシマザルがいます。

コモンリスザル

Common Squirrel Monkey

数十頭《すうじっとう》のむれでくらしています。リスのように小《ちい》さいことから、名前《なまえ》がつけられました。

マンドリル

Mandrill

赤《あか》や青《あお》のはでな色《いろ》をした顔《かお》や尻《しり》、きみょうな鳴《な》き声《ごえ》がとくちょうです。

スマトラオランウータン

Orangutan

優位《ゆうい》なおすにのみ、フランジとよばれる、顔《かお》の横《よこ》がふくらんだひだが見《み》られます。

チンパンジー

Chimpanzee

人間《にんげん》に近《ちか》い類人猿《るいじんえん》のなかまです。道具《どうぐ》を使《つか》ってえものを得《え》たり、なかまと協力《りょく》して行動《こうどう》したりします。

ニシゴリラ

Western Gorilla

ナックルウォークとよばれる四足歩行《しそくほこう》をします。筋肉質《きんにくしつ》ですが、食《た》べるものは果実《かじつ》や葉《は》が中心《ちゅうしん》です。

日本《にほん》に古《ふる》くから伝《つた》わる猿回《さるまわ》し

猿《さる》で病気《びょうき》が「去《さ》る」

日本《にほん》では古《ふる》くから、猿《さる》は神様《かみさま》の使《つか》いとされてきました。わざわいや病気《びょうき》が、猿《さる》の名《な》のとおり「去《さ》る」と考《かんが》えられたのです。また、中国《ちゅうごく》でも昔《むかし》から、猿《さる》が馬《うま》の病気《びょうき》を治《なお》すといわれてきました。日本《にほん》でもそれが信《しん》じられ、猿《さる》にはわざわいを取《と》りのぞくやくよけの力《ちから》があると考《かんが》えられました。

猿回《さるまわ》しはおまじない

日本《にほん》には、猿回《さるまわ》しという芸能《げいのう》があります。笛《ふえ》やたいこの音楽《おんがく》や、猿使《さるつか》いのせりふに合《あ》わせて、ニホンザルが芝居《しばい》やおどりを見《み》せてくれます。猿回《さるまわ》しは、人《ひと》びとや馬《うま》の健康《けんこう》をいのるおまじないとして、千年《せんねん》もの昔《むかし》から、始《はじ》まっていたともいわれます。

7

鳥《とり》にまつわることば

鵜《う》呑《の》みにする

意《い》味《み》

人《ひと》のことばや、本《ほん》に書《か》いてあることばなどを、よく考《かんが》えないで本当《ほんとう》だと思《おも》いこむこと。

由《ゆ》来《らい》

鵜《う》という鳥《とり》は、魚《さかな》をかまないで丸《まる》ごとのみこむことからできたことばなんだって。

使《つか》い方《かた》

あ、よく見《み》て！　それ魚《さかな》じゃないよ。

あぶない、**鵜《う》呑《の》み**にするところだった！

★★★

目《め》白《じろ》押《お》し

意《い》味《み》

大勢《おおぜい》の人《ひと》が、せまいところに押《お》し合《あ》ってならぶこと。行事《ぎょうじ》などが集中《しゅうちゅう》すること。

由《ゆ》来《らい》

たくさんのメジロが、木《き》のえだに押《お》し合《あ》うようにならんで止《と》まるようすが由来《ゆらい》だよ。

使《つか》い方《かた》

メジロがたくさん！　ぎゅっと集《あつ》まって、かわいいな。

これがまさに目白押《めじろお》しだね！

飛《と》ぶ鳥《とり》を落《お》とす勢《いきお》い

意《い》味《み》

物事《ものごと》の勢《いきお》いがさかんなようす。

由《ゆ》来《らい》

空《そら》を飛《と》んでいる鳥《とり》でさえ地面《じめん》に落《お》とすという勢《いきお》いは、ものすごいものだということから。

使《つか》い方《かた》

やったー！ テスト5回《かい》れんぞく100点《てん》だ。

なんてこった！ **飛《と》ぶ鳥《とり》を落《お》とす勢《いきお》い**とはこのことだ。

★★★

能《のう》ある鷹《たか》は爪《つめ》を隠《かく》す

意《い》味《み》

本当《ほんとう》に実力《じつりょく》や才能《さいのう》がある人《ひと》は、むやみにそれを見《み》せびらかさないというたとえ。

由《ゆ》来《らい》

鷹《たか》は、えものを捕《と》るときまではするどい爪《つめ》を隠《かく》していて、ねらったものを逃《のが》さないんだって。

使《つか》い方《かた》

鷹《たか》さんのかり、かっこいいですよね！ するどい爪《つめ》でガバッと。

ほぉ、本当《ほんとう》に能《のう》ある鷹《たか》は爪《つめ》を隠《かく》すんだな。

★★★

烏《う》合《ごう》の衆《しゅう》

意味《いみ》

人数《にんずう》は多《おお》いものの、まとまっておらず、さわぐだけで役《やく》に立《た》たない人《ひと》びとの集《あつ》まり。

由来《ゆらい》

弱《よわ》いぐんたいを、ただ集《あつ》まっただけの烏《からす》のむれにたとえた、昔《むかし》の中国《ちゅうごく》の書物《しょもつ》「後漢書《ごかんじょ》」にあることばだよ。

使《つか》い方《かた》

もう！ みんな好《す》き勝手《かって》しないでよ。ルールを守《まも》って！

あのむれ、なんだかまとまりがないね。烏《う》合《ごう》の衆《しゅう》ってことかぁ。

★★★

鴨《かも》が葱《ねぎ》を背負《しょ》ってくる

意味《いみ》

うまい話《はなし》に、さらにうまい話《はなし》が重《かさ》なって、ますます都合《つごう》がよくなること。

由来《ゆらい》

鴨《かも》だけでなく葱《ねぎ》までそろったら、おいしい鴨《かも》なべがすぐに作《つく》れると、昔《むかし》の人《ひと》が考《かんが》えた言《い》い回《まわ》しなんだ。

使《つか》い方《かた》

葱《ねぎ》を持《も》っていくと、ごちそうを作《つく》ってくれるんだって。楽《たの》しみ!

まさかこれって…**鴨《かも》が葱《ねぎ》を背負《しょ》ってくる**じょうきょうじゃない!?

もっと知《し》りたい！ 鳥《とり》のことば

頭隠《あたまかく》して尻隠《しりかく》さず

意《い》味《み》

一部分《いちぶぶん》が見《み》えているのに、全部隠《ぜんぶかく》したつもりになっていること。

由《ゆ》来《らい》

キジはきけんを感《かん》じると草《くさ》むらに身《み》を隠《かく》すけれど、はみ出《だ》した尾《お》は丸見《まるみ》え、ということからできた言《い》い回《まわ》しだよ。

烏《からす》の行水《ぎょうずい》

意《い》味《み》

おふろに入《はい》っている時間《じかん》がとても短《みじか》いこと。

由《ゆ》来《らい》

行水《ぎょうずい》は、たらいに水《みず》やお湯《ゆ》をはって体《からだ》をあらうこと。烏《からす》の水《みず》あびのあわただしいようすが由来《ゆらい》なんだって。

鶴《つる》の一声《ひとこえ》

意《い》味《み》

いろいろな人《ひと》がああだこうだと言《い》って、物事《ものごと》が決《き》まらないとき、有力者《ゆうりょくしゃ》の一言《ひとこと》によってすぐに決《き》まること。

由《ゆ》来《らい》

鶴《つる》の鳴《な》き声《ごえ》が、大《おお》きくてするどいことからできたことばだよ。

鳩《はと》が豆鉄砲《まめでっぽう》を食《く》ったよう

意《い》味《み》

予想《よそう》していなかったことにおどろいて、あっけにとられるようす。

由《ゆ》来《らい》

鳩《はと》がおもちゃの鉄砲《てっぽう》でうたれたら、びっくりして目《め》を丸《まる》くしそう、ということからできた言《い》い回《まわ》しなんだって。

おうむ返《がえ》し

意《い》味《み》
相手《あいて》のことばを、すぐそのままくり返《かえ》して言《い》うこと。

由《ゆ》来《らい》
おうむが、人《ひと》のことばを真似《まね》ることからできたことばだよ。

閑《かん》古《こ》鳥《どり》が鳴《な》く

意《い》味《み》
店《みせ》にお客《きゃく》さんが来《こ》なかったり、仕《し》事《ごと》の注文《ちゅうもん》がなかったりして、さびしくひまであるようす。

由《ゆ》来《らい》
閑古鳥《かんこどり》は、カッコウのこと。カッコウの鳴《な》き声《ごえ》が、ものさびしく聞《き》こえることからできた言《い》い回《まわ》しなんだね。

鳶《とんび》が鷹《たか》を生《う》む

意《い》味《み》
ふつうの親《おや》から、すぐれた子《こ》が生《う》まれるたとえ。

由《ゆ》来《らい》
鳶《とんび》と鷹《たか》は同《おな》じなかまの鳥《とり》。鳶《とんび》がぐるぐる回《まわ》るように飛《と》ぶのにくらべて、鷹《たか》は空《そら》高《たか》く羽《は》ばたくイメージがあることから。

羽《はね》を伸《の》ばす

意《い》味《み》
押《お》さえつけられているようなじょうたいから自由《じゆう》になって、のびのびする。

由《ゆ》来《らい》
鳥《とり》が飛《と》び立《た》つときの羽《はね》を広《ひろ》げる動《うご》きが由来《ゆらい》だよ。

人間《にんげん》とくらすかしこい鳥《とり》・カラス

とくちょう 1 じょうぶな羽《はね》

いたずら者《もの》で真《ま》っ黒《くろ》で、きらわれがちなカラスですが、実《じつ》は黒《くろ》い羽《はね》にはすごいパワーがあります。黒《くろ》い色《いろ》のもとのメラニンはかたいため、羽《はね》もじょうぶです。また細菌《さいきん》にも強《つよ》いのです。じまんの羽《はね》を守《まも》るため、砂《すな》あびも欠《か》かしません。

とくちょう 2 目《め》も頭《あたま》もいい

カラスはとても目《め》がよく、高《たか》いところからでも地上《ちじょう》にある小《ちい》さな食《た》べ物《もの》を見分《みわ》けることができます。また頭《あたま》もよく、自分《じぶん》で水道《すいどう》のつまみを回《まわ》し、水《みず》を飲《の》むカラスもいます。

人間《にんげん》たちの近《ちか》くなら安全《あんぜん》？

スズメのすんでいる場所《ばしょ》は、ほかの多《おお》くの鳥《とり》たちがすむ野山《のやま》とはちがい、町《まち》の中《なか》です。子育《こそだ》ても町《まち》の中《なか》で行《おこな》います。スズメの天敵《てんてき》となるのは、ヘビや、タカなどの大型《おおがた》の鳥《とり》。これらの動物《どうぶつ》は、人間《にんげん》をおそれて町中《まちなか》までは来《き》ません。そのためスズメにとっては、野山《のやま》より町《まち》の中《なか》のほうが安心《あんしん》してくらせるのです。

住宅地《じゅうたくち》に巣《す》を作《つく》るスズメ

屋根《やね》のすきまや、のき下《した》などに巣《す》を作《つく》ります。近《ちか》ごろの建物《たてもの》には、作《つく》る場所《ばしょ》が少《すく》ないようです。

冬《ふゆ》の寒《さむ》い日《ひ》、丸《まる》まるとふくらんだスズメを見《み》たことがありますか？　羽毛《うもう》の間《あいだ》に空気《くうき》をためて、体温《たいおん》を逃《のが》しにくくしているのです。ふっくらしているので、ふくらすずめとよばれます。ゆたかさを表《あらわ》す、縁起《えんぎ》のよいすがたともいわれています。

ふくらすずめ

寒《さむ》い日《ひ》は、自分《じぶん》のくちばしで羽毛《うもう》をさか立《だ》てて、空気《くうき》がたまるようにして、寒《さむ》さをしのぎます。

ちょこっと図鑑《ずかん》

鳥《とり》のなかま

メジロ

Japanese White-eye

花《はな》のみつが好《す》きで、みつをすうときにくちばしに花粉《かふん》がつきます。これが花《はな》どうしの受粉《じゅふん》を助《たす》けます。

ハシブトガラス

Large-billed Crow

くちばしが太《ふと》く、おでこが出《で》っぱっているのがとくちょうです。雑食《ざっしょく》で、都会《とかい》でも生活《せいかつ》しています。

マガモ

Mallard

水辺《みずべ》でくらし、水面《すいめん》にうかびながらえものをさがします。おすとめすで羽《はね》の色《いろ》がことなります。マガモを飼《か》いならしたものが、アヒルです。

キジバト

Oriental Turtle Dove

日本各地《にほんかくち》でくらし、うろこのようなもようの羽《はね》がとくちょうです。ハトのなかまは飛《と》ぶための筋肉《きんにく》が強《つよ》く、長《なが》いきょりを飛《と》ぶことができます。

ウミウ

Japanese Cormorant

日本《に ほん》周辺《しゅうへん》の海岸《かいがん》のがけで子育《こそだ》てをします。水《みず》かきを持《も》ち泳《およ》ぐのが得意《とくい》で、鵜飼《うか》いに使《つか》われます。

コウテイペンギン

Emperor Penguin

最大《さいだい》のペンギンで、全長《ぜんちょう》は100〜130cmです。マイナス60度《ど》にもなる寒《さむ》い南極大陸《なんきょくたいりく》でくらします。

オオワシ

Steller's Sea Eagle

日本《に ほん》では最大《さいだい》のワシで、知床半島《しれとこはんとう》に大《おお》きな冬《ふゆ》のねぐらがあります。えものを引《ひ》きさく、とがったかぎ形《がた》のくちばしがとくちょうです。

人間《にんげん》のくらしに役立《やくだ》つ鳥《とり》たち

アイガモ農法《のうほう》

日本《にほん》には古《ふる》くから「アイガモ農法《のうほう》」とよばれる米《こめ》作《づく》りの方法《ほうほう》があります。水田《すいでん》にアイガモを放《はな》し飼《が》いにします。アイガモはイネを食《た》べずに、水田《すいでん》の雑草《ざっそう》や、害虫《がいちゅう》のイナゴやガの幼虫《ようちゅう》を食《た》べます。また、糞《ふん》はひりょうになります。こうすることで、農薬《のうやく》を使《つか》わずに元気《げんき》なイネを育《そだ》てることができるのです。

鵜飼《うか》いに使《つか》われるウミウ

ウを使《つか》ってアユなどの川魚《かわざかな》を捕《と》る、鵜飼《うか》いという漁《りょう》があります。船《ふね》に乗《の》った鵜匠《うじょう》が、ウをあやつり、川《かわ》の中《なか》のアユを口《くち》で捕《と》らせます。ウののどにはひもがまかれていて、一定以上《いっていいじょう》の大《おお》きさのアユは、のみこめないようになっています。大《おお》きなアユは、はき出《だ》させて人間《にんげん》がいただくというしくみです。

8

蛇《へび》・蛙《かえる》にまつわることば

藪《やぶ》をつついて蛇《へび》を出《だ》す

意《い》味《み》

よけいなことに手《て》を出《だ》したり、口《くち》を出《だ》したりして、めんどうなことを引《ひ》き起《お》こすこと。

由《ゆ》来《らい》

草木《くさき》がしげっていて中《なか》のようすがわからない藪《やぶ》をつついたら、こわい蛇《へび》が出《で》てきちゃうこともあるんだね。

使《つか》い方《かた》

わぁ、**藪《やぶ》をつついたら蛇《へび》が出《で》た**！

自分《じぶん》でつついておいて、出《で》てきてほしいんじゃなかったの？

蛇《だ》足《そく》

意《い》味《み》

よけいなものや、むだなもののこと。

由《ゆ》来《らい》

蛇《へび》の絵《え》をかくきょうそうをしたとき、速《はや》くかけた人《ひと》が蛇《へび》に足《あし》をかき足《た》したため負《ま》けになったという、昔《むかし》の中国《ちゅうごく》の話《はなし》から。

使《つか》い方《かた》

足《あし》をつけたら、もっと速《はや》く歩《ある》けると思《おも》ったのに…使《つか》い方《かた》わかんないよ。

蛇《だ》足《そく》だね。よけいなものは、つけないのがいちばん。

蛇《へび》ににらまれた蛙《かえる》

意味《いみ》

おそろしさのあまり、全《まった》く動《うご》くことができないようす。

由来《ゆらい》

蛙《かえる》をねらっている蛇《へび》がいて、蛙《かえる》は逃《に》げることも立《た》ち向《む》かうこともできないでいる、という場面《ばめん》が由来《ゆらい》だよ。

使《つか》い方《かた》

へ、蛇《へび》ににらまれた…！　も、もうダメかも。

ふふふ…まさに**蛇《へび》ににらまれた蛙《かえる》**だね。

井《い》の中《なか》の蛙《かわず》大海《たいかい》を知《し》らず

意味《いみ》

考《かんが》えがせまくて、広《ひろ》い世《よ》の中《なか》にはいろいろなことがあるのを知《し》らないでいること。

由来《ゆらい》

せまい井戸《いど》の中《なか》にすんでいる蛙《かえる》は、広《ひろ》い海《うみ》があることを知《し》らない、ということからできたことばだよ。

使《つか》い方《かた》

ぼくは、いちばん泳《およ》ぎのうまい蛙《かえる》なんだ！

井《い》の中《なか》の蛙《かわず》大海《たいかい》を知《し》らず、とはこのことだね。

★★★

一《ひと》皮《かわ》むける

意《い》味《み》

いろいろなことを見《み》たり聞《き》いたり行《おこな》ったりして、さらに成長《せいちょう》すること。

由《ゆ》来《らい》

蛇《へび》はつるっと全身《ぜんしん》ひとまとめで、古《ふる》い皮《かわ》をぬぐこと（＝脱皮《だっぴ》）をくり返《かえ》して生《い》きている、ということが由来《ゆらい》だよ。

使《つか》い方《かた》

やった、しんどい道《みち》も多《おお》かったけど、ついに登《のぼ》り切《き》った！

すがすがしい顔《かお》だね。**一皮《ひとかわ》むけた**みたいだよ。

鬼《おに》が出《で》るか蛇《じゃ》が出《で》るか

★★★

意味《いみ》

これから先《さき》、どんなおそろしいことが待《ま》ち受《う》けているのか、わからないこと。

由来《ゆらい》

江戸時代《えどじだい》、からくり人形師《にんぎょうし》がお客《きゃく》さんの好奇《こうき》心《しん》をあおるように言《い》ったせりふから。

使《つか》い方《かた》

はじめて進《すす》む森《もり》だ！　**鬼《おに》が出《で》るか蛇《じゃ》が出《で》るか**。

ふふ、ちょっとあいさつしてあげてもいいかしら？

もっと知《し》りたい！ 蛇《へび》・蛙《かえる》・亀《かめ》のことば

蛙《かえる》の子《こ》は蛙《かえる》

意《い》味《み》

子《こ》は親《おや》に似《に》るものだから、へいぼんな親《おや》から生《う》まれた子《こ》も、またへいぼんであるということ。

由《ゆ》来《らい》

おたまじゃくしは親《おや》と全然《ぜんぜん》似《に》ていないけど、育《そだ》つとけっきょく親《おや》とそっくりになることから。

蛙《かえる》の面《つら》に水《みず》

意《い》味《み》

どんなことを言《い》われても、何《なに》をされても、平気《へいき》でいること。

由《ゆ》来《らい》

水《みず》の近《ちか》くでくらす蛙《かえる》は、顔《かお》に水《みず》をかけられてもへっちゃらだよね。

蛇《じゃ》の道《みち》は蛇《へび》

意《い》味《み》

同《おな》じような生《い》き方《かた》をしている者《もの》の行動《こうどう》は、他人《たにん》にはわからなくても、だいたい見当《けんとう》がつくということ。

由《ゆ》来《らい》

室町時代《むろまちじだい》に「大《おお》きい蛇《へび》が通《とお》る道《みち》は小《ちい》さい蛇《へび》も知《し》っている」という言《い》い伝《つた》えがあった。江戸時代《えどじだい》には「蛇《じゃ》の道《みち》は蛇《へび》が知《し》る」とよまれた俳諧《はいかい》があるよ。

長《ちょう》蛇《だ》の列《れつ》

意《い》味《み》

えんえんと長《なが》くつづいている行列《ぎょうれつ》。

由《ゆ》来《らい》

蛇《へび》の体《からだ》が細《ほそ》くて長《なが》いことから。平《へい》安《あん》時《じ》代《だい》ごろから使《つか》われてきたことばなんだって。

蛇《へび》が蛙《かえる》を呑《の》んだよう

意《い》味《み》

長《なが》いもののとちゅうがふくらんで、見《み》た目《め》が変《へん》な感《かん》じなこと。

由《ゆ》来《らい》

蛇《へび》が蛙《かえる》を丸《まる》ごとのみこみ、おなかのあたりがぶくっとふくれるようすから。

鶴《つる》は千年《せんねん》亀《かめ》は万年《まんねん》

意《い》味《み》

長生《ながい》きで、めでたいことをいわうことば。

由《ゆ》来《らい》

鶴《つる》は千年《せんねん》、亀《かめ》は1万年《まんねん》も長生《ながい》きするという昔《むかし》の中国《ちゅうごく》の伝説《でんせつ》が由来《ゆらい》だ。

蛇《じゃ》の目《め》

意《い》味《み》

意地悪《いじわる》そうな目《め》つき。

由《ゆ》来《らい》

大小《だいしょう》ふたつの太《ふと》い輪《わ》のようになっている蛇《へび》の目《め》は、どこか冷《つめ》たい感《かん》じに見《み》えるよね。

竜頭《りゅうとう》蛇尾《だび》

意《い》味《み》

はじめは勢《いきお》いがよいが、終《お》わりのほうは勢《いきお》いがなくなること。

由《ゆ》来《らい》

問答《もんどう》のとちゅうでだまりこんだおぼうさんを「頭《あたま》はりっぱな竜《りゅう》だが尾《お》は蛇《へび》のようだ」とした、昔《むかし》の中《ちゅう》国《ごく》の仏教書《ぶっきょうしょ》にある話《はなし》が由来《ゆらい》だよ。

実《じつ》はおくびょう？ すごうでハンター・ヘビ

とくちょう 1 ー おくびょうな性格《せいかく》

ヘビはえものを捕《と》らえて食《た》べる動物《どうぶつ》で、毒《どく》のあるものもいます。人間《にんげん》をこうげきしてくると思《おも》われがちですが、実《じつ》はおくびょうです。人間《にんげん》がヘビをこわがるように、ヘビも人間《にんげん》をおそれます。ヘビは自分《じぶん》を守《まも》るためにこうげきしてくるのです。

とくちょう 2 ー えものを見《み》つけるピット器官《きかん》

マムシやニシキヘビのなかまには、目《め》と口《くち》の間《あいだ》に、ピット器官《きかん》という穴《あな》があります。ここで熱《ねつ》を感《かん》じます。暗《くら》やみでも、えものの体温《たいおん》をピット器官《きかん》が感《かん》じ取《と》り、大《おお》きく開《ひら》く口《くち》でえものを捕《と》らえます。

ふしぎがいっぱい！ 両生類《りょうせいるい》・爬虫類《はちゅうるい》

カエルやイモリのなかまは、両生類《りょうせいるい》とよばれます。また、トカゲやヘビ、カメ、ワニのなかまは爬虫類《はちゅうるい》とよばれます。

地球上《ちきゅうじょう》に両生類《りょうせいるい》はおよそ8千《せん》800種《しゅ》がいて、ほとんどは水辺《みずべ》でくらしています。爬虫類《はちゅうるい》はおよそ1万《まん》2千種《せんしゅ》が、水辺《みずべ》から乾燥《かんそう》した砂漠《さばく》まで、さまざまな環境《かんきょう》でくらしています。

鳴嚢《めいのう》をふくらませるカエル

けっこんの時期《じき》になると、おすはのどの鳴嚢《めいのう》を大《おお》きくふくらませ、めすをさそいます。

両《りょう》生類《せいるい》・爬虫類《はちゅうるい》はさまざまな環境《かんきょう》でくらすため、ふしぎな体《からだ》のとくちょうを持《も》っています。たとえば人間《にんげん》には登《のぼ》れないかべも、ヤモリのあしなら、スイスイ登《のぼ》れます。これは、あしのうらにびっしりと細《ほそ》い毛《け》が生《は》えているためです。わたしたちの体《からだ》とくらべながら、観察《かんさつ》してみましょう。

まどにはりつくヤモリ

ヤモリのあしのうらには細《ほそ》い毛《け》がびっしりと生《は》え、まどやかべにはりつきます。

ちょこっと図鑑《ずかん》

両生類《りょうせいるい》・爬《は》虫類《ちゅうるい》のなかま

ニホンアマガエル

Japanese Tree Frog

乾燥《かんそう》に強《つよ》く、都会《とかい》の町中《まちなか》でもくらします。鼻《はな》からこまくまで、黒《くろ》い帯《おび》もようがあります。

アカハライモリ

Japanese Newt

日本《にほん》の固有種《こゆうしゅ》で水田《すいでん》や小《お》川《がわ》などの水辺《みずべ》にくらします。名前《なまえ》のとおり、腹側《はらがわ》に赤《あか》い斑《まだら》もようがあります。

ニホンマムシ

Japanese Pit Viper

日本《にほん》の固有種《こゆうしゅ》の毒《どく》ヘビ。森林《しんりん》やそのまわりの田畑《たはた》でくらします。古《ふる》くから食用《しょくよう》や漢方薬《かんぽうやく》に使《つか》われてきました。

ヒョウモントカゲモドキ

Leopard Gecko

砂漠《さばく》や岩場《いわば》などの乾燥《かんそう》した地域《ちいき》でくらします。ペットとして人気《にんき》が高《たか》く、人間《にんげん》により多《おお》くの品種《ひんしゅ》が作《つく》られています。

エボシカメレオン

Veiled Chameleon

きけんを感《かん》じると、体《からだ》を大《おお》きくふくらませて体《からだ》の色《いろ》を変化《へんか》させ、口《くち》を大《おお》きく開《あ》けていかく音《おん》を出《だ》します。

インドホシガメ

Indian Star Tortoise

星状《ほしじょう》の甲羅《こうら》のもようがとくちょうで、ペットとして人気《にんき》があります。密《みつ》りょうにより、野生《やせい》でくらすものが少《すく》なくなっています。

ナイルワニ

Nile Crocodile

大《おお》きな川《かわ》や湖《みずうみ》、河口《かこう》にもくらします。人間《にんげん》の生活域《せいかついき》の近《ちか》くでもあるため、時《とき》に人間《にんげん》をおそうことがあります。

白《しろ》ヘビは神《かみ》の使《つか》い!?

めったに出合《であ》えない幸運《こううん》の白《しろ》ヘビ

白《しろ》ヘビはふつうのヘビの体《からだ》の色《いろ》が、突然変異《とつぜんへんい》で変《か》わって生《う》まれます。昔《むかし》から白《しろ》いヘビに出合《であ》うと「縁起《えんぎ》がよい」といわれてきました。めったに出合《であ》えないからこそ、出合《であ》えば金運《きんうん》がよくなると考《かんが》えたり、神《かみ》の使《つか》いとしてあがめたりする地域《ちいき》もあります。

岩国市《いわくにし》で見《み》られる白《しろ》ヘビ

山口県岩国市《やまぐちけんいわくにし》では、アオダイショウの白《しろ》いヘビがよく生《う》まれ、岩国《いわくに》シロヘビの館《やかた》で見《み》ることができます。1972年《ねん》、岩国市《いわくにし》の白《しろ》ヘビは、国《くに》の天然記念物《てんねんきねんぶつ》に指定《してい》されました。

アオダイショウ

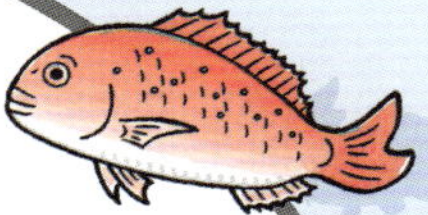

9

魚《さかな》にまつわることば

★★★

鯖《さば》を読《よ》む

意味《いみ》

自分《じぶん》に都合《つごう》のよいように、数《かず》をごまかして言《い》うこと。

由来《ゆらい》

鯖《さば》はいたみやすいため、売《う》るときにわざと急《いそ》いで数《かぞ》えることで、数《かず》をごまかすことが多《おお》かったというのが由来《ゆらい》だよ。

使《つか》い方《かた》

はい、鯖《さば》1箱《はこ》10ぴき入《い》りだよ。買《か》って、買《か》って！

ほんとは9ひきしかいないのに、**鯖《さば》を読《よ》んだ**な。

水《みず》を得《え》た魚《うお》

意味《いみ》

自分《じぶん》がかつやくできる場《ば》で、生《い》き生《い》きとしているようす。

由来《ゆらい》

昔《むかし》の中国《ちゅうごく》で、のちに皇帝《こうてい》となる劉備《りゅうび》が、自分《じぶん》を魚《さかな》、家来《けらい》の諸葛孔明《しょかつこうめい》を水《みず》にたとえて、魚《さかな》は水《みず》があれば本来《ほんらい》の力《ちから》を出《だ》せると説《と》いた話《はなし》が「三国志《さんごくし》」にあるよ。

使《つか》い方《かた》

おっきい水槽《すいそう》だ！　水族館《すいぞくかん》は本当《ほんとう》に楽《たの》しいな。あれはマダイで～…

水《みず》を得《え》た魚《うお》みたいに、生《い》き生《い》きしてるね。

とどのつまり

意味《いみ》

けっきょくのところ。あげくのはて。

由来《ゆらい》

ボラという魚《さかな》は成長《せいちょう》とともに名前《なまえ》を変《か》え、最後《さい》にトドとよばれるんだって。

使《つか》い方《かた》

最後《さいご》はみんなで、しっかり力《ちから》を合《あ》わせよう！

とどのつまり、トドさんがまとめてくれたね。

逃《のが》した魚《さかな》は大《おお》きい

意味《いみ》

手《て》に入《い》れかけてうしなったものほど、実物《じつぶつ》よりかちがあるように思《おも》われるということ。

由来《ゆらい》

つり上《あ》げかけて逃《のが》してしまった魚《さかな》は、実物《じつぶつ》よりも大《おお》きく感《かん》じられたという話《はなし》から。

使《つか》い方《かた》

ああ残念《ざんねん》。大《おお》きくてかっこいい鯛《たい》だったのに。

それほどでも…逃《のが》した魚《さかな》は大《おお》きい、と思《おも》うんだね。

★★★ 鯉《こい》の滝《たき》登《のぼ》り

意《い》味《み》

めざましい勢《いきお》いで出世《しゅっせ》することのたとえ。

由《ゆ》来《らい》

黄河上流《こうがじょうりゅう》にある急流《きゅうりゅう》を泳《およ》いで登《のぼ》り切《き》った鯉《こい》は竜《りゅう》になるという、中国《ちゅうごく》の昔《むかし》の書物《しょもつ》「後漢書《ごかんじょ》」にある話《はなし》から。

使《つか》い方《かた》

さっきの鯉《こい》、すごい勢《いきお》いで登《のぼ》って竜《りゅう》になったぞ。

鯉《こい》の滝《たき》登《のぼ》りだよ。ぼくもすごい竜《りゅう》になるんだ！

まな板《いた》の上《うえ》の鯉《こい》

意味《いみ》

相手《あいて》の思《おも》うままに身《み》をまかせるしか方法《ほうほう》がないようす。

由来《ゆらい》

ぴちぴちはね回《まわ》る鯉《こい》も、いざ料理《りょうり》されるときには、まな板《いた》の上《うえ》でおとなしくなるようすが由来《ゆらい》だよ。

使《つか》い方《かた》

ここまで来《き》たら、もう**まな板《いた》の上《うえ》の鯉《こい》**です。どうぞお好《す》きに！

そこまで言《い》われると、料理《りょうり》するほうもこまるよ。

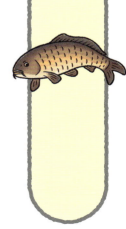

もっと知《し》りたい！ 魚《さかな》などのことば

あらさがし

意《い》味《み》 人《ひと》の欠点《けってん》を、あれこれとさがし出《だ》すこと。また、さがし出《だ》して悪口《わるくち》を言《い》うこと。

由《ゆ》来《らい》 あらは、魚《さかな》の身《み》を取《と》ったあと少《すこ》しだけ身《み》が残《のこ》った骨《ほね》のこと。そこから何《なに》かをさがし出《だ》すというのが由《ゆ》来《らい》なんだ。

ごり押《お》し

意《い》味《み》 意見《いけん》などをむりに押《お》し通《とお》すこと。

由《ゆ》来《らい》 川底《かわぞこ》にへばりつくように生息《せいそく》している魚《さかな》のゴリを、力《ちから》ずくであみに追《お》いこんで捕《と》るようすからできたことばなんだって。

えびで鯛《たい》をつる

意《い》味《み》 わずかなものを元《もと》にして、ねうちのあるものを手《て》に入《い》れること。

由《ゆ》来《らい》 小《ちい》さくて安《やす》いえびをえさにして、りっぱな鯛《たい》をつり上《あ》げることからできたことばだよ。

ごまめの歯《は》ぎしり

意《い》味《み》 実力《じつりょく》のない者《もの》が、どうにもならないのに、腹《はら》を立《た》てたりくやしがったりすること。

由《ゆ》来《らい》 ごまめはカタクチイワシをほしたもの。イワシは元来《がんらい》弱《よわ》い魚《さかな》とされるうえに、ほされたら何《なに》もできないということから。

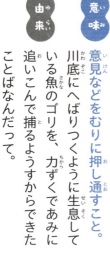

腐《くさ》っても鯛《たい》

意《い》味《み》

本当《ほんとう》にねうちのあるものは、古《ふる》くなったり落《お》ちぶれたりしても、やはりそれだけのねうちがあるということ。

由《ゆ》来《らい》

縁起物《えんぎもの》としても大事《だいじ》にされた鯛《たい》は、多少古《たしょうふる》くなってもやはりねうちがあるとされたのが由来《ゆらい》だよ。

引《ひ》っぱりだこ

意《い》味《み》

人気《にんき》があって、たくさんの人《ひと》から必要《ひつよう》とされること。また、人気《にんき》のある人《ひと》やもの。

由《ゆ》来《らい》

たこのひものを作《つく》るときの、あしを四方八方《しほうはっぽう》に広《ひろ》げて引《ひ》っぱってほす形《かたち》が由来《ゆらい》なんだ。

柳《やなぎ》の下《した》のどじょう

意《い》味《み》

いちどうまくいったとしても、同《おな》じやり方《かた》でまたうまくいくとはかぎらない。同《おな》じ幸運《こううん》は、そう何度《なんど》もやって来《こ》ないということ。

由《ゆ》来《らい》

柳《やなぎ》の木《き》が生《は》えている川《かわ》べりでどじょうを捕《つか》まえたからといって、いつもそこにどじょうがいるとはかぎらないよね。

うなぎ登《のぼ》り

意《い》味《み》

とちゅうで止《と》まらないで、どんどん上《あ》がったり、ふえたりすること。

由《ゆ》来《らい》

うなぎが体《からだ》をくねらせながら、勢《いきお》いよく川《かわ》の上流《じょうりゅう》に向《む》かって泳《およ》ぐようすが由来《ゆらい》だよ。

水中《すいちゅう》でくらすための体《からだ》・魚《さかな》

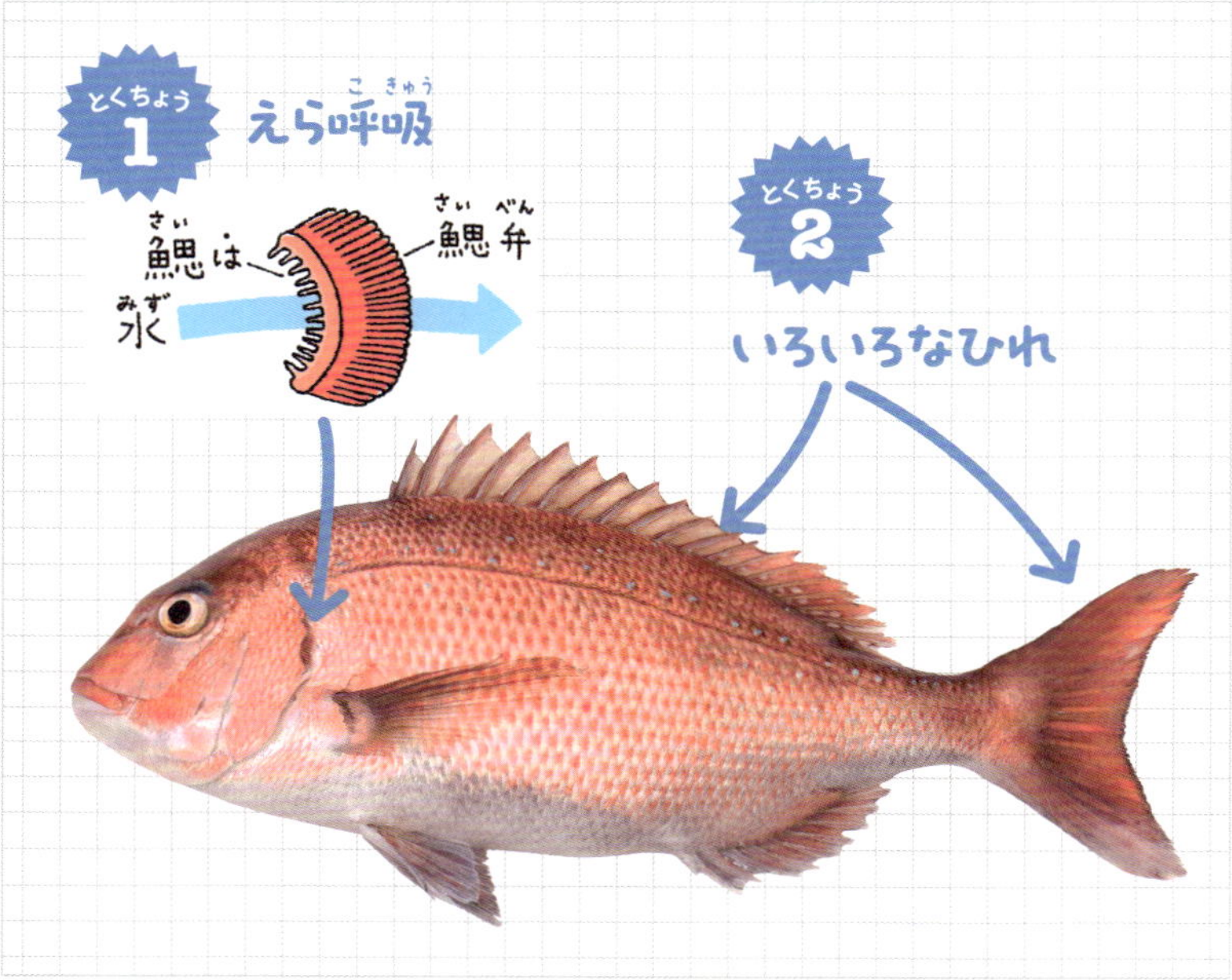

とくちょう1 えら呼吸《こきゅう》

わたしたちは、肺《はい》を使《つか》って肺呼吸《はいこきゅう》をします。一方《いっぽう》、水中《すいちゅう》でくらす魚《さかな》はえらの鰓弁《さいべん》を通《とお》して、水《みず》にとけた酸素《さんそ》を取《と》りこみ、いらなくなった二酸化炭素《にさんかたんそ》を出《だ》します。これがえら呼吸《こきゅう》です。鰓《さい》は口《くち》から取《と》りこんだ水《みず》をこして、食《た》べ物《もの》と水《みず》を分《わ》けています。

とくちょう2 いろいろなひれ

魚《さかな》のひれには、1まいの背《せ》びれと尾《お》びれとしりびれ、左右《さゆう》1まいずつの胸《むな》びれ、腹《はら》びれがあります。これらをうまく使《つか》い、上下左右自由《じょうげさゆうじゆう》に泳《およ》ぎます。

日本《にほん》は魚《さかな》の種類《しゅるい》が多《おお》い！ 魚王国《さかなおうこく》

世《せ》

世《せ》界《かい》の海《うみ》にはおよそ3万《まん》5千《せん》種《しゅ》以上《いじょう》の魚《さかな》がいます。日本《にほん》には、そのおよそ11%《パーセント》に当《あ》たる、およそ3千《ぜん》900種《しゅ》もの魚《さかな》がいます。

日本《にほん》の沖合《おきあい》には、あたたかい海《うみ》（暖流《だんりゅう》）と冷《つめ》たい海《うみ》（寒流《かんりゅう》）のぶつかる場所《ばしょ》があります。ここは、多《おお》くの魚《さかな》が集《あつ》まる、よい漁場《ぎょじょう》となっています。

イワシのむれ

日本列島《にほんれっとう》の沖合《おきあい》で、よくむれを作《つく》っています。沖合《おきあい》でよく捕《と》られる魚《さかな》のひとつです。

地《ち》

地《ち》球《きゅう》温《おん》暖《だん》化《か》のえいきょうで、海水温《かいすいおん》が上《あ》がり、海《うみ》の魚《さかな》のすむ場所《ばしょ》が少《すこ》しずつ変《か》わってきています。

一方《いっぽう》、汽水《きすい》（海水《かいすい》と淡水《たんすい》のまざった水《みず》）・淡水《たんすい》には、およそ400種《しゅ》の魚《さかな》がいて、その42%《パーセント》に当《あ》たる167種《しゅ》が絶滅危惧種《ぜつめつきぐしゅ》です。主《おも》な原因《げんいん》は自然破壊《しぜんはかい》です。みんなで自然《しぜん》を守《まも》りたいですね。

メダカ

きれいな小川《おがわ》や田《た》んぼがへり、2003年《ねん》から絶滅危惧種《ぜつめつきぐしゅ》に指定《してい》されています。

ちょこっと図鑑《ずかん》

魚《さかな》のなかま

マサバ

Mackerel

日本《にほん》での漁獲量《ぎょかくりょう》が多《おお》い魚《さかな》のひとつです。背部《はいぶ》に虫《むし》食《く》い状《じょう》の斑《はん》があります。

マダイ

Red Sea Bream

古《ふる》くから縁起《えんぎ》のよい魚《さかな》として親《した》しまれてきました。背部《はいぶ》に青《あお》い斑《はん》があります。

ヒトヅラ ハリセンボン

Black-blotched Porcupinefish

きけんを感《かん》じると、体《からだ》をふくらませとげを立《た》たせます。とげはうろこが変《へん》化《か》したものです。

チンアナゴ

Spotted Garden Eel

砂地《すなじ》の穴《あな》にくらします。頭部《とうぶ》や体《からだ》の一部《いちぶ》を海中《かいちゅう》に出《だ》して、えものを待《ま》ちます。きけんがせまると隠《かく》れます。

ジンベエザメ

Whale Shark

最大《さいだい》で13mにもなるサメです。大《おお》きな体《からだ》ですが、食《た》べるものはオキアミなどの小《ちい》さなプランクトンです。

カクレクマノミ

Clownfish

あたたかい海《うみ》のイソギンチャクと共生《きょうせい》します。観賞《かんしょう》魚《ぎょ》として人気《にんき》があります。

ミノカサゴ

Lionfish

長《なが》いひれと赤《あか》いしまもようの体《からだ》がとくちょうです。ひれの先《さき》のとげには毒《どく》があります。

タツノオトシゴ

Seahorse

体《からだ》がかたい骨板《こっぱん》におおわれています。尾《お》を海《かい》そうなどにまきつけて、流《なが》されないようにしています。

名前《なまえ》が変《か》わる!? 出世魚《しゅっせうお》

よび名《な》がちがっても同《おな》じ魚《さかな》

おすしになる魚《さかな》で、「イナダ」「ハマチ」「ブリ」があります。これらはよび名《な》がちがうだけで、全部《ぜんぶ》ブリという魚《さかな》です。ブリはおよそ80㎝以上《いじょう》のものをよびますが、イナダとハマチは、40～60㎝ほどのものをよぶことが多《おお》いようです。

このように、成長《せいちょう》するにしたがって、べつの名前《なまえ》になる魚《さかな》を出世魚《しゅっせうお》といいます。

地域《ちいき》によってもべつのよび名《な》

さらに、イナダは主《おも》に関東《かんとう》、ハマチは主《おも》に関西《かんさい》でよばれる名《な》です。魚《さかな》は日本各地《にほんかくち》で、それぞれの地域《ちいき》の料理《りょうり》となり、昔《むかし》から身近《みぢか》なそんざいだったのですね。

10

虫《むし》にまつわることば

★★★

虫《むし》の知《し》らせ

意《い》味《み》

前《まえ》もってなんとなく心《こころ》に感《かん》じること。悪《わる》い予《よ》感《かん》がすること。

由《ゆ》来《らい》

昔《むかし》の中国《ちゅうごく》で、人間《にんげん》の体内《たいない》にいる虫《むし》が心《こころ》にさまざまなえいきょうをあたえると考《かんが》えられていたよ。

使《つか》い方《かた》

今日《きょう》は出《で》かけないほうがいいよ、**虫《むし》の知《し》らせ**だよ。

いやな予《よ》感《かん》がして出《で》かけなかったら、ほんとに大雨《おおあめ》になっちゃった。

★★★

飛《と》んで火《ひ》に入《い》る夏《なつ》の虫《むし》

意味《いみ》

自分《じぶん》からきけんなところに飛《と》びこみ、わざわいを受《う》けたり、ほろんだりすることのたとえ。

由来《ゆらい》

夏《なつ》の夜《よる》、明《あか》るさにつられて火《ひ》に近《ちか》よってきた虫《むし》が、やけ死《し》んでしまうことが由来《ゆらい》なんだ。

使《つか》い方《かた》

火《ひ》に近《ちか》づきすぎるとあぶないよ。はなれて！

きみこそあぶないよ。**飛《と》んで火《ひ》に入《い》る夏《なつ》の虫《むし》**になっちゃう！

蝶《ちょう》よ花《はな》よ

意《い》味《み》

自分《じぶん》の子《こ》どもなどを、とてもかわいがるようす。女《おんな》の子《こ》にいうことが多《おお》い。

由《ゆ》来《らい》

平安時代《へいあんじだい》から和歌《わか》などに見《み》られ、だれかをおだててきげんを取《と》るという意味《いみ》で使《つか》われていたよ。

使《つか》い方《かた》

みーんなわたしのわがままを聞《き》くの。あなたも今日《きょう》から、わたしのもの！

蝶《ちょう》よ花《はな》よと育《そだ》てるのもいいけど、わがままがすぎるのは…

蜘《く》蛛《も》の子《こ》を散《ち》らす

意《い》味《み》

集《あつ》まっていたたくさんの人《ひと》が、いっせいにあちらこちらに散《ち》らばるようす。

由《ゆ》来《らい》

蜘《く》蛛《も》の子《こ》が生《う》まれるとき、卵《たまご》のふくろからはじけるように、飛《と》び出《だ》すようすが見《み》られるんだ。

使《つか》い方《かた》

わぁ、蜘《く》蛛《も》がたくさん生《う》まれた、すごい…って、あれ？

蜘《く》蛛《も》の子《こ》を散《ち》らすように、ほかのみんなは逃《に》げちゃったね。

虻《あぶ》蜂《はち》取《と》らず

意《い》味《み》

ふたつのものをいちどに手《て》に入《い》れようとして、どちらも手《て》に入《い》れられないこと。

由《ゆ》来《らい》

虻《あぶ》と蜂《はち》の両方《りょうほう》を捕《つか》まえようとして、どちらにも逃《に》げられちゃったことからできたことばだよ。

使《つか》い方《かた》

どっちも捕《つか》まえたいのに、動《うご》きが速《はや》くて捕《つか》まえられないよ。

どちらもなんて、手《て》に入《い》れられないよ。**虻《あぶ》蜂《はち》取《と》らず**だね。

泣《な》き面《つら》に蜂《はち》

★★★

意《い》味《み》

悪《わる》いことがあったうえに、さらに悪《わる》いことが重《かさ》なって起《お》きること。

由《ゆ》来《らい》

悲《かな》しくて泣《な》いている顔《かお》に、さらに蜂《はち》がちくんとさしてきたら、いたくてもっと泣《な》いちゃうよね。

使《つか》い方《かた》

巣《す》をこわされるのかと思《おも》って、さしちゃったよ。

うわ〜ん、ひどいよ！　**泣《な》き面《つら》に蜂《はち》**じゃないか。

もっと知《し》りたい！ 虫《むし》のことば

一寸《いっすん》の虫《むし》にも五分《ごぶ》の魂《たましい》

意《い》味《み》

どんなに小《ちい》さくて弱《よわ》いものでも、魂《たましい》や心《こころ》はあり、軽《かる》く見《み》ることはできないということ。

由《ゆ》来《らい》

一寸《いっすん》は、およそ3㎝、五分《ごぶ》はその半分《はんぶん》の長《なが》さ。どんなに小《ちい》さな虫《むし》にでも、人間《にんげん》と同《おな》じように命《いのち》があるんだね。

ひょんなこと

意《い》味《み》

思《おも》いがけないこと。意外《いがい》なこと。

由《ゆ》来《らい》

イスノフシアブラムシが木《き》に寄生《きせい》して作《つく》る虫《むし》こぶの穴《あな》を吹《ふ》くと、ヒョウヒョウと鳴《な》ることからできたことばなんだって。

苦虫《にがむし》をかみつぶしたよう

意《い》味《み》

とてもきげんの悪《わる》い顔《かお》つきのたとえ。

由《ゆ》来《らい》

苦虫《にがむし》は、もしかんだら苦《にが》いだろうなと想像《そうぞう》できる虫《むし》のこと。江戸時《えどじ》代《だい》のおもしろい話《はなし》が出《で》てくる本《ほん》にある言《い》い回《まわ》しなんだ。

たで食《く》う虫《むし》も好《す》き好《ず》き

意《い》味《み》

人《ひと》の好《この》みはさまざまであるということ。

由《ゆ》来《らい》

ふつうは食《た》べない、とてもからいタデの葉《は》だけど、それを好《この》んで食《た》べる虫《むし》もいるというのが由来《ゆらい》だよ。

蛍雪《けいせつ》の功《こう》

意《い》味《み》 苦労《くろう》して勉学《べんがく》にはげんで、得《え》たもの。

由《ゆ》来《らい》 まずしくて明《あ》かりの油《あぶら》を買《か》えなかった人《ひと》が、蛍《ほたる》の光《ひかり》で勉強《べんきょう》してえらくなったという、昔《むかし》の中国《ちゅうごく》の話《はなし》から。

啓《けい》ちつ

意《い》味《み》 土《つち》の中《なか》で冬《ふゆ》ごもりをしていた虫《むし》たち（ちっ虫《ちゅう》）が、地上《ちじょう》に出《で》てくるとされるころのこと。

由《ゆ》来《らい》 昔《むかし》の人《ひと》が、春《はる》のかみなりによび起《お》こされることで、虫《むし》が地上《ちじょう》に出《で》てくると考《かんが》えたのが由来《ゆらい》だよ。

蟻《あり》の穴《あな》から堤《つつみ》もくずれる

意《い》味《み》 ちょっとゆだんしたために、わずかなことから大変《たいへん》なことが起《お》こること。

由《ゆ》来《らい》 蟻《あり》のあけた小《ちい》さい穴《あな》が元《もと》となって丈夫《じょうぶ》な堤防《ていぼう》もくずれるという、中国《ちゅうごく》の昔《むかし》の話《はなし》から。

蜂《はち》の巣《す》をつついたよう

意《い》味《み》 たくさんの人《ひと》が、こんらんして、ひどくさわぐようす。

由《ゆ》来《らい》 蜂《はち》の巣《す》をつつくと、たくさんの蜂《はち》が飛《と》び出《だ》してきて、さかんに飛《と》び回《まわ》ることからできた言《い》い回《まわ》しなんだ。

ちょこっと図鑑《ずかん》

虫《むし》のなかま

オオスズメバチ

Northern Giant Hornet

世界最大《せかいさいだい》のスズメバチ。木《き》のうろや土《つち》の中《なか》に巣《す》を作《つく》り、めすは毒針《どくばり》を持《も》ちます。

タマムシ

Jewel Beetle

上翅《じょうし》(上《うえ》のかたいはね)は、見《み》る角度《かくど》によって、色《いろ》が変《か》わって見《み》えます。その美《うつく》しさから、法隆寺《ほうりゅうじ》の宝《ほう》物《もつ》「玉虫厨子《たまむしのずし》」の装飾《そうしょく》に使《つか》われました。

ルリボシカミキリ

Blue Longhorn Beetle

明《あか》るい青色《あおいろ》に黒《くろ》い斑《まだら》もようがとくちょうです。切《き》りたおされた木《き》などに集《あつ》まります。

カブトムシ

Rhinoceros Beetle

東《ひがし》アジアを代表《だいひょう》する大型《おおがた》のコウチュウで、頭部《とうぶ》の角《つの》はすくい投《な》げに適《てき》した形《かたち》です。

ハラビロカマキリ

Giant Praying Mantis

はば広《ひろ》い腹部《ふくぶ》と、前《まえ》あしに黄色《きいろ》いこぶ状《じょう》の突起《とっき》があるのがとくちょうです。

アオモンイトトンボ

Damselfly

水草《みずくさ》のゆたかな池《いけ》や沼《ぬま》にくらします。細《ほそ》い腹部《ふくぶ》、美《うつく》しい体色《たいしょく》がとくちょうです。

ナナホシテントウ

Ladybug

日本各地《にほんかくち》の平地《へいち》に広《ひろ》くくらし、よく見《み》られます。アブラムシを食《た》べて育《そだ》ちます。

キアゲハ

Swallowtail

海岸《かいがん》や山地《さんち》の開《ひら》けた草《くさ》むらでよく見《み》られます。ナミアゲハよりもこい、黄色《きいろ》いはねの色《いろ》がとくちょうです。

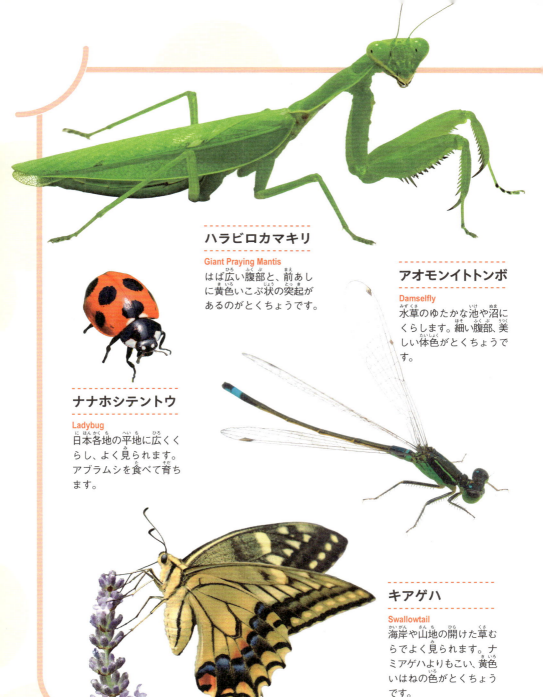

虫《むし》と着物《きもの》の意外《いがい》な関係《かんけい》

世界《せかい》の服文化《ふくぶんか》を支《ささ》えるカイコ

日本《にほん》では、養蚕業《ようさんぎょう》がさかんに行《おこな》われてきました。養蚕《ようさん》とは、カイコとよばれるガの一種《いっしゅ》を育《そだ》て、成虫《せいちゅう》になるときに作《つく》るまゆから、生糸《きいと》を得《え》る産業《さんぎょう》のことです。まゆから得《え》た生糸《きいと》は、海外《かいがい》ではシルクとよばれます。シルクでできた布《ぬの》を交易《こうえき》するための道《みち》、「シルクロード」が中央《ちゅうおう》アジアで作《つく》られるほど大《おお》きな産《さん》業《ぎょう》として、世界中《せかいじゅう》の服《ふく》の文化《ぶんか》を支《ささ》えてきました。

カイコの糸《いと》で作《つく》られる着物《きもの》

カイコから取《と》られた生糸《きいと》だけでおられた生地《きじ》を、正絹《しょうけん》といいます。正絹《しょうけん》は肌《はだ》にやさしく、光沢《こうたく》があることがとくちょうです。着物《きもの》1着分《ちゃくぶん》の生地《きじ》を作《つく》るにはおよそ5千個分《せんこぶん》のまゆが必要《ひつよう》であり、とてもきちょうなものなのです。

11

番《ばん》外《がい》編《へん》
植《しょく》物《ぶつ》にまつわることば

番外編《ばんがいへん》・植物《しょくぶつ》にまつわることば

芽《め》が出《で》る

意味《いみ》

運《うん》が向《む》いてくる。成功《せいこう》への第一歩《だいいっぽ》を踏《ふ》み出《だ》す。

由来《ゆらい》

春《はる》になって、みずみずしい草木《くさき》の芽《め》が元気《げんき》に出《で》てくるようすから。

山笑《やまわら》う

意味《いみ》

草木《くさき》の芽《め》が出《で》て明《あか》るくなった、春《はる》の山《やま》のようすのたとえ。

由来《ゆらい》

昔《むかし》の中国《ちゅうごく》の画家《がか》・郭熙《かくき》の作《つく》った漢《かん》詩《し》が元《もと》になってできたことば。

花《はな》よりだんご

意味《いみ》

見《み》て美《うつく》しいものより、じっさい役《やく》立《だ》つもののほうがよいということ。

由来《ゆらい》

桜《さくら》の花《はな》を見《み》るより、だんごを食《た》べるほうがよいという、日本《にほん》の昔《むかし》からの言《い》い回《まわ》し。

雨後《うご》のたけのこ

意味《いみ》

同《おな》じようなことが、次《つぎ》つぎに起《お》きること。同《おな》じようなものが、次《つぎ》つぎにあらわれること。

由来《ゆらい》

春《はる》、雨《あめ》がやんだあとなどに、たけのこがにょきにょきと生《は》えてくるのが由来《ゆらい》だよ。

朝顔姫《あさがおひめ》

意《い》味《み》
七夕《たなばた》伝説《でんせつ》の織姫《おりひめ》のべつの名《な》。夏《なつ》の夜空《よぞら》にかがやく、こと座《ざ》のベガ。

由《ゆ》来《らい》
中国《ちゅうごく》から伝《つた》わった花《はな》の朝顔《あさがお》は牽牛《けんぎゅう》花《か》ともよばれる。牽牛《けんぎゅう》（彦星《ひこぼし》）にちなみ、美《うつく》しく花《はな》開《ひら》いた朝顔《あさがお》は織《おり》姫《ひめ》を指《さ》すようになったよ。

いずれ菖蒲《あやめ》か杜若《かきつばた》

意《い》味《み》
どちらもすぐれていて、えらぶのにまようこと。

由《ゆ》来《らい》
菖蒲《あやめ》と杜若《かきつばた》はどちらも美《うつく》しく、見《み》た目《め》が似《に》ていることからできた言《い》い回《まわ》しだよ。

瓜《うり》二《ふた》つ

意《い》味《み》
顔《かお》つきやすがたなどが、とてもよく似《に》ていること。

由《ゆ》来《らい》
瓜《うり》をたての方向《ほうこう》にわると、切《き》り口《くち》が同《おな》じに見《み》えることからできたことばなんだ。

李《り》下《か》に冠《かんむり》を正《ただ》さず

意《い》味《み》
うたがわれるようなことは、しないほうがよいということ。

由《ゆ》来《らい》
スモモの木《き》の下《した》で冠《かんむり》をさわろうとしたら、スモモ泥《どろ》棒《ぼう》にまちがわれるのでつつしむべきだという、昔《むかし》の中国《ちゅうごく》の詩《し》にあることばだよ。

番外編《ばんがいへん》・植物《しょくぶつ》にまつわることば

紅葉《もみじ》がり

意味《いみ》

秋《あき》、山《やま》や野原《のはら》などに出《で》かけて、赤《あか》や黄色《きいろ》に色《いろ》づいた木《き》の葉《は》を見《み》て楽《たの》しむこと。

由来《ゆらい》

「かり」はえものを捕《と》らえるという意味《いみ》のほか、見《み》て楽《たの》しむという意味《いみ》でも使《つか》われてきたんだって。

実《み》るほど頭《こうべ》をたれる稲穂《いなほ》かな

意味《いみ》

何《なに》かを学《まな》びおさめた人《ひと》ほど、他人《たにん》に対《たい》してえらそうになるのではなく、けんきょになるということ。

由来《ゆらい》

中身《なかみ》がよくじゅくした稲穂《いなほ》ほど、その重《おも》みでたれ下《さ》がってくるというのが由来《ゆらい》だよ。

桃《もも》栗《くり》三《さん》年《ねん》柿《かき》八《はち》年《ねん》

意味《いみ》

何《なに》かをなしとげるには、長年《ながねん》の努《ど》力《りょく》が必要《ひつよう》だということ。

由来《ゆらい》

桃《もも》と栗《くり》は芽《め》が出《で》てから三年《さんねん》、柿《かき》は八年《はちねん》たつとやっと実《み》がなるということから。江戸時代《えどじだい》のかるたにあることばだよ。

どんぐりの背《せい》くらべ

意味《いみ》

どれも同《おな》じようなもので、とくにりっぱなものがないということ。

由来《ゆらい》

同《おな》じ木《き》の下《した》に落《お》ちているどんぐりは、どれも形《かたち》や大《おお》きさが似《に》ていて、それほど大《おお》きなちがいはないよね。

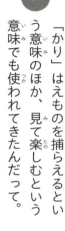

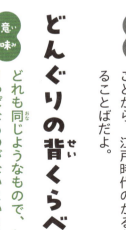

返《かえ》り咲《ざ》く

意《い》味《み》
いちどやめたり、勢《いきお》いが弱《よわ》くなったりした人《ひと》が、ふたたびかつやくすること。

由《ゆ》来《らい》
冬《ふゆ》のあたたかい日《ひ》に、春《はる》の花《はな》がふたたび咲《さ》くことから。

枯《か》れ木《き》も山《やま》のにぎわい

意《い》味《み》
つまらないものでも、ないよりはあったほうがよいということ。

由《ゆ》来《らい》
枯《か》れた木《き》でも切《き》らないで残《のこ》しておけば、山《やま》がにぎやかになると考《かんが》えた人《ひと》がいたんだ。

大《だい》根《こん》役《やく》者《しゃ》

意《い》味《み》
えんぎが下手《へた》な、役者《やくしゃ》のこと。

由《ゆ》来《らい》
大根《だいこん》の「白《しろ》」と、しろうとの「しろ」をかけてできたことばで、しろうとの役者《やくしゃ》を指《さ》すよ。

柳《やなぎ》に雪《ゆき》折《お》れなし

意《い》味《み》
やわらかいものは弱《よわ》そうに見《み》えても、かたくて強《つよ》そうに見《み》えるものより、かえってたえる力《ちから》があるということ。

由《ゆ》来《らい》
柳《やなぎ》のえだはやわらかくて弱《よわ》そうだけど、しなやかなので、雪《ゆき》がつもっても折《お》れにくいことが由来《ゆらい》だよ。

監修：金田一秀穂

1953年生まれ。杏林大学外国語学部名誉教授。『学研 現代新国語辞典 改訂第六版』『新レインボー小学国語辞典 改訂第七版』『フレーズで覚えることばの結びつき辞典』（すべてGakken）など編集・監修多数。

監修：小宮輝之

1947年生まれ。恩賜上野動物園元園長。日本鳥類保護連盟会長、ふくしま海洋科学館理事。『学研の図鑑LIVE 鳥』『ほんとのおおきさ・てがたあしがた図鑑』『危険生物のクイズ図鑑』（すべてGakken）など監修・著書多数。

絵：仁子（1，2，5章）

教科書や児童書のさし絵を手がけるほか、2匹の猫との生活を漫画にかいた『ねこ連れ草』を出版。好きないきものは、ネコ(殿堂入り)と庭のバードテーブルにくる鳥と…いきいきとした姿を見るとみんな好きになってしまう。

絵：ハナイナホ（3,4,10章，シルエットイラスト）

デザイン会社にて勤務したのち、フリーランスのイラストレーターに。ハンコやキーホルダーなど、企業とコラボしたどうぶつグッズを多数手がける。だいすきなネコ2匹（ハナ／コタロウ）とたのしく生活している。

絵：くさだ さやか（6,8章）

2017年よりフリーのイラストレーターとして活動。ゆるすぎない可愛さを大切に、愛嬌のあるいきものを描いている。好きないきものは、ヤモリ、ビーバー、ワニなど。4匹のヤモリと暮らしている。

絵：下間文恵（9,11章）

『ざんねんないきもの事典』シリーズ（高橋書店）『ほんとうはびっくりな植物図鑑』（SBクリエイティブ）などを手がける。好きないきものは、パンダとげっ歯目。子どもと動物園や博物館に行くのを楽しんでいる。

いきものだらけのことば図鑑

2025年3月13日　第1刷発行

発行人　川畑勝

編集人　高尾俊太郎

企画編集　庄司日和

発行所　株式会社Gakken

〒141-8416　東京都品川区西五反田2-11-8

印刷所　TOPPANクロレ株式会社

監修　金田一秀穂／小宮輝之

文　入澤宣幸／倉本有加

写真　西表野生生物保護センター

三重県立美術館

PIXTA

復元画　小堀文彦

ブックデザイン　原てるみ(mill inc.)

DTP　株式会社ジーディーシー

校正　小林英彦／田中裕子

●この本に関する各種お問い合わせ先

本の内容については、下記サイトのお問い合わせフォームよりお願いします。

https://www.corp-gakken.co.jp/contact/

在庫については　Tel 03-6431-1197（販売部）

不良品（落丁、乱丁）については　Tel 0570-000577

学研業務センター　〒354-0045 埼玉県入間郡三芳町上富279-1

上記以外のお問い合わせは

Tel 0570-056-710（学研グループ総合案内）

学研グループの書籍・雑誌についての

新刊情報・詳細情報は、下記をご覧ください。

学研出版サイト　https://hon.gakken.jp/